Ortheil   In meinen Gärten und Wäldern

Hanns-Josef Ortheil

In meinen Gärten und Wäldern

Dieterich'sche

Verlagsbuchhandlung,

Mainz

»Die stille, reine, immer wiederkehrende, leidenlose Vegetation tröstet mich oft über der Menschen Not ...«

GOETHE an LAVATER, 9. April 1781

Im Herbst 2019 hatte ich eine komplizierte Herz-Operation zu überstehen, deren nicht nur gesundheitliche Folgen mich lange beschäftigt haben. Während meiner Erkrankung begann ich, Texte und Fotografien aus den Jahren vor der Operation wieder anzuschauen. Sie porträtierten Mikrokosmen jener Gärten, in denen ich seit Jahrzehnten lebe.

Sie liegen in einem großenteils steilen früheren Weinberggelände im Stuttgarter Süden, von dem aus ich auf die Stadt blicken kann. Auch in den angrenzenden Wäldern sowie in den Waldlandschaften in der Umgebung meines Westerwälder Elternhauses bin ich fündig geworden.

Die Fotografien (mit dem Smartphone) sind beiläufig entstanden, immer dann, wenn ein wenig Zeit vorhanden und die Anziehung eines bestimmten Motivs stark genug war. Große Vorbereitungen habe ich für sie also nicht getroffen, während ich an den Texten gefeilt und sie oft überarbeitet habe.

Sie gelten Pflanzen, die in meinen Gärten wild gewachsen sind und keineswegs eigens angepflanzt wurden. Ein typischer Gärtner bin ich nicht, sondern eher (wie es in einem der Texte heißt) »ein Gartengeselle«, der vor sich hin summend durch das Gelände geht und über viele oft unerwartete Erscheinungen staunt.

Die kleinen Wohnhäuser, die dazu gehören, gehen direkt in die Gartenlandschaften über. Sie haben nichts Festes, Abgeschlossenes, Dominantes, sondern sind zu den Gärten hin offen. Ein kleiner Schritt hinaus – und man steht im Grün, so dass die verschiedensten Pflanzen, Sträucher und Bäume wie Lebewesen erscheinen, die sich um einen scharen. Daher sehe, spüre und rieche ich die Jahreszeiten aus der Nähe und kann das allmähliche, kontinuierliche Vergehen von Zeit täglich verfolgen.

Die Gärten sind zugleich die Zonen der vielen Lebewesen in meiner Nähe. Keines von ihnen bewohnt das Haus (es gibt keine »Haustiere«), die meisten sehe ich dennoch fast Tag für Tag (Vögel, Katzen, Füchse, Feuersalamander, Schmetterlinge, Mäuse, Eichhörnchen, Schlangen).

Die aufmerksame Konzentration auf die Details von Pflanzen, Bäumen und Waldbeständen habe ich in der Kindheit durch meinen Vater kennengelernt. Er war es auch, der mir beigebracht hat, derart genau und geduldig über solche Details zu schreiben (in meinem Buch »Der Stift und das Papier« habe ich von diesen kreativen Stunden erzählt).

Später habe ich Texte von Dichtern und Schriftstellern gelesen, die mich weiter auf diesen meditativen Wegen begleitet haben. So etwa der französische Schriftsteller Francis Ponge, dessen Prosagedichte *Le parti pris des choses (Im Namen der Dinge)* ich ebenso bewundert habe wie die Haiku-Dichtung, die der japanische Dichter Matsuo Bashô auf seinen *Schmalen Pfaden durchs Hinterland* bereits im 17. Jahrhundert notierte. Die Traditionen der Prosagedichte und der Haiku-Lyrik leben denn auch in meinen Texten weiter.

Das erneute Studium der in den letzten Jahren entstandenen Texte und Fotografien hat mir den vertrauten natürlichen Kreislauf zweier Garten- und Waldlandschaften wieder nahegebracht und Lust gemacht, meinen Blick auf ihre Besonderheiten weiter zu schulen.

Ich veröffentliche sie als einen Zyklus, von dessen Lektüre ich mir für die Leserinnen und Leser ähnlich gute Wirkungen erhoffe.

Stuttgart, Wissen an der Sieg,
zweite, erweiterte Auflage, Frühjahr 2022

Schneefall

Zu Beginn des Jahres setzt der Schneefall erst sehr allmählich ein. Er erscheint zunächst als kurzfristige weiße Bleibe, eine Erd- und Strauchbedeckung, die Straßen sind schon bald wieder frei und leuchten teerfarben im Nebel.

Ich sehne die Fortsetzung herbei, sie würde genau zu meiner Klausureinsamkeit passen (allein durch Schneeverwehungen stapfen, über die weißen Kuppen streifen, häufig stehenbleiben, den frostigen Wind spüren…).

Tage später setzt der heftigere Schneefall auch wirklich ein. Die Felder ziehen sich zusammen und verschwinden unter den mondän hingestreuten weißen Laken.

Die ersten vorsichtigen Tierspuren. Die ersten von Spaziergängern geebneten Pfade.

Schließlich bin ich eingeschneit. Der Wagen schafft es nicht mehr bis zur steilen Ausfahrt aus dem Waldgrundstück. Wenn ich morgens aus dem Fenster schaue, sind grobe Ladungen von Schnee hinzugekommen. Die Sträucher und Bäume verschwinden.

Tagelang werde ich vieles zu Fuß erledigen müssen. Meine Wünsche sind in Erfüllung gegangen.

Das winterliche Leuchten

Liegt genug Schnee, werden die Waldwege zu
winterlich leuchtenden Spuren. Die Fußabdrücke
hinterlassen schmale Pfade, aneinandergereiht
wie ein Schlingern.

Rückblickend erkennt man, wem man ausgewichen
ist: dem Astwippen eines verschneiten Baums,
einer vereisten Senke, einem schweren Holz,
das ein Hund quer auf dem Weg hinterlegt hat.

Je länger man geht, umso besser gewöhnen sich
die Augen daran, vom Leuchten des Bodens und den
zurückstrahlenden Himmeln geleitet zu werden.

Solche Gänge führen in ein ruhiges Schweigen,
das sich seine Musik wie von selbst sucht.
Heute mischt sie sich in das späte Gehen, windet sich
zwischen die Baumreihen, tritt unbemerkt wieder
hervor, summt dem Gang hinterher.

Alexandre Tharaud spielt Couperin:
Les Barricades Mystérieuses.

Das Glimmen der Mauer

Das Glimmen der alten Trockenmauer an einem der
ersten Sonnentage des Jahres!

Wie die vielen unterschiedlichen Farbnuancen
deutlich hervortreten! Wie die helleren Grünakzente
sich vortasten! Wie die Wunden der Steine sichtbarer
werden! Wie die schmalen Schatten der dunklen
Spalten zwischen den Steinen eine Textur erzeugen!
Wie die einzelnen Steine sich als Individuen behaupten
und Charakterzüge annehmen, so dass man ihnen
Eigenschaften zusprechen möchte! Wie die Gesetzt-
heit und dennoch lockere Schwere dieses Ensembles
etwas Tröstliches bewahrt!

Und wie beruhigend das alles bei längerer Betrachtung wirkt … – man möchte sich hinsetzen und
den Blick nicht mehr abwenden, bis der Frühling
diese Montur packt und umstülpt!

Der Reifwald

Der in den Nächten entstandene Reif legt sich
während des morgendlichen Sonnenlichts wie ein
dichter, glitzernder Schleier vor das Bühnenbild
der Bäume.

Das übrig gebliebene, letzte Grün des Waldbodens
senkt sich ins Laub, während die Eiben eine Winter-
beständigkeit zeigen und ihre Arme ausbreiten.

In der Ferne zieht das Winterblau auf und gießt
sich über die vibrierenden, schwachen Wolken,
bis sie sich zusammenziehen und hinter den Höhen
verschwinden.

Am Vorabend von Mariä Lichtmess

Am frühen Abend bin ich in meinen Wäldern unterwegs. Beim langsamen Gehen ertasten die Blicke den Boden, spüren den Linien und Kurven nach und suchen Verbindungen zu den umgebenden Düften. Still bist du und vorsichtig, als lauerten überall böse Gestalten, die dir dein Spielzeug wegnehmen wollen.

Als es dunkelt, flimmern nur noch die gescheckten Wegränder des Herbstlaubs mit den wenigen leuchtenden Blättern auf den Wogen der breit hinfließenden Brauntöne. In die Wegmitte des feuchten Erdreichs haben die Fahrradfahrer tiefe Spuren gekerbt.

Unter einer Holzbrücke schleicht sich ein Bach in silbernen Windungen ins Tal.

Ein dumpfer, nachhallender Schuss.

Das Wild, wie gehetzt, mit seinen ängstlichen durchs fette Laub fliehenden Sprüngen und Fluchten.

Erleichtert siehst du endlich das einsame Licht deiner Lampe in einem der oberen Fenster des Hauses. Es glimmt durch das Dickicht der Äste und Bäume und leuchtet dir heim.

Du öffnest die Tür und hörst die Musik, die seit Stunden die leeren Räume füllt. Ragna Schirmer spielt Klaviersuiten von Händel. Einige Tänzer sind allein unterwegs, zwei drehen sich umeinander im Kreis, die große Sängerin winkt dir zu und lässt dich Platz nehmen.

Zeder im Schnee

Nach starkem Schneefall zeigt die große Zeder
in meinem Garten ihr ganzes Können. Die längsten
Zweige sammeln den Schnee wie ausholende
Schaufeln, die mittleren halten ihn als weiße Spur,
während die kleinen mit ihm spielen, in den verschiedensten Variationen und Gruppen.

Das derart gelungen verteilte Weiß lässt die Zeder
strahlen und leuchten. Ihr wunderbar gerader Wuchs
macht aus dem zum Himmel hin schmaler werdenden Stamm einen dunklen Docht, ähnlich dem einer
Kerze.

Betrachtet man ihr Aufgebot von Zweigen, mit dem
Blick von oben nach unten, wirkt es wie ein gelassen
zelebriertes Gymnastikprogramm: lauter Arme
und Körperteile, in gerader Haltung oder ausgreifend,
abwinkend, sich schüttelnd, ins Blau tippend.

Der großen Zeder gehört nicht nur meine Zuneigung,
sondern mehr noch meine Verehrung. Ich stelle mir
vor, dass sie ein Gruß aus den Regionen des Mittel-
meeres ist: duftend, sonnenbesessen, von spärlichem
Regen ausreichend genährt.

Lavendel

Selbst an Wintertagen ist er lockend präsent und
entwirft Fluchten von kleinen Sträuchern, die sich
an den Rändern eines Beetes entlang orientieren
und wie silbriggraue Landschaften erscheinen.

Sie schimmern, leuchten oder ermatten zu pastosen
Wolken, und wenn man sie wahrnimmt, glaubt man
sofort, ihren Duft in der Nase zu spüren.

Etwas Helles, Parfümiertes, Sinnenaufreißendes,
Lockendes …, das überall eindringen und
sogar Innenräume füllen und besetzen will.

Fährt man, so mitgenommen, mit den Fingern an
ihren Zweigen entlang, spürt man die Festigkeit und
den Widerstand biegsamer Nadeln. Sie lassen
sich weder bewegen noch zupfen und rupfen.

Einen Moment lang ducken sie sich – und schnellen
dann wieder empor.

Wonach sie verlangen – das wäre eine Rasur,
ein lockeres Kappen von Spitzen und übertriebenem
Wuchs, das ihr androgynes Dasein gestalten und
vorbereiten würde auf die Gala in Sommer und Herbst:
mit blauen und violetten Blüten!

Das Zaubergrün

Schon länger hatte ich ein Auge auf den runden Ton-
topf geworfen, an dessen Rändern sich im Spätherbst
einige hellgrüne Fäden zeigten. Sie hingen schlaff
herunter, und ich hielt sie für Unkraut, das an kälteren
Tagen aufgeben und abfallen würde.

Da hatte ich mich getäuscht. Von den Rändern her
breitete sich das Grün stetig aus, wucherte, näherte
sich in Kreisen und Ringen dem Zentrum des Topfes
und bildete schließlich einen lückenlosen Teppich
aus hell loderndem Grün.

Beinahe täglich schaute ich mir die Veränderungen
an und staunte jedes Mal, wenn ich das auftrumpfende
Wachsen bemerkte. Als gebe es keinen Frost und
keinen Winter, blieben die Stängel und Blätter eine
vitale Erscheinung und ließen den ersten Schnee
in schmalen Streifen durch die offenen Fugen rinnen.

Als es vor wenigen Tagen wärmer wurde, reckten
sich die Spitzen der kleinen Knospen aus ihren Winter-
verstecken und deuteten an, dass sie schon bald
weiße Miniblüten ins Sonnenlicht halten werden.

Jeden Morgen gehe ich an diesem Zaubergrün vorbei
und bitte um Entschuldigung, dass ich es einmal für
lästiges, überflüssiges Unkraut hielt. Ich bleibe stehen,
beuge mich über seine dichte, sich gegen alle Wider-
stände durchsetzende Fülle – und ziehe den Hut …

Vorfrühlingsschauer

Fällt der Schnee mitten im Winter in schweren
Flocken, die langsam zur Erde trudeln, so gebärden
sich die Vorfrühlingsschauer gereizt und überraschend. Graupel, Hagel und blitzartige Wetter
werden von heftigen Windböen getrieben und
markieren das Zwischenreich der Konfrontation
von Winter und Frühling.

Der ziselierte Erguss grober Körner wird in die Fugen
der Gehwege gestreut und entwirft für Minuten ein
mattes Mondrian-Muster in Weiß-Grau.

Dann ziehen die wabernden Wolkenfelder weiter,
die Sonne bricht aus einer fernen Tiefe hervor,
ihre Strahlen sengen die Feuchtigkeit weg und fliehen
rasch (wie eine Laune) in die Reihen der sich
schüttelnden Baumbestände.

Zwei Blütenpaare

In meiner Gartenlandschaft sind zwei erste
Blütenpaare zu entdecken. In einem abgelegenen
Terrain leben sie in erstaunlicher Nachbarschaft.
Die Blütenblätter bilden einen kleinen Leuchtkranz,
in dessen Mitte ein gelber Brandherd aufscheint.

Aus den größeren verlappten Laubblättern haben sie
sich herausgeschält und strahlen dem Betrachter
entgegen. Schwer erklärlich, warum es genau zwei
Paare sind, die offenkundig ein Partnerschaftsleben
führen und den Frühling vorwegnehmen.

Als ich sie entdeckte, empfand ich so etwas wie
»kindliche Freude«. Die gibt es also noch immer,
dachte ich: eine unbeschwerte Freude und das
erstaunte Lächeln. Na sowas.

Die Botinnen und Boten des Frühlings I.

Die Auftritte der *Bellis perennis* genannten
Miniaturerscheinungen regloser, aufragender Stiele,
die den leichten, hellen Korb weißer Blütenblättchen
stützen und tragen!

Sie strahlen um den gelben Kern, der in immer
demselben unberührten Sonnenton glimmt.

Erste Belebung der monotonen Rasenverdickung!

Hellste, reine Farben, Klang in Dur, zurückhaltender
(aber dadurch umso intensiverer) Schmuck!

Die Seiltänzer

Als hätten sie das Aufblühen zweier Blütenpaare
von Primeln in meiner Gartenlandschaft bemerkt,
zeigt sich nun auch ein Verbund von Wicken.
Die Knospen sitzen dicht und familiär nebeneinander
und geben in langsamer Folge die aufstrebenden
Blüten frei.

Sie tanzen als kleine Gruppe auf den Seilen der
Stängel, wippen bei leichtem Wind auf und ab und
wedeln wie Glocken in ihren Schäften.

Derart bilden sie eine solistische Crew, die begleitet
wird vom orchestralen Gefieder der grünen,
spitz zulaufenden Blätter, deren Harfenmusik nach
absolvierten Einsätzen durchaus in einen Applaus
für die Solisten münden kann.

In meinen Wäldern

In meinen Wäldern sieben die schmächtig
gewordenen Bäume das Sonnenlicht und streuen
es über die Blätterteppiche.

Großwüchsige Gestalten entstehen, begrüßen sich
und verabreden sich zu Schattenprozessionen,
die im Laufe des Vormittags schwankend durch die
Wälder ziehen.

Die Pfade schneiden dagegen einen linearen Verlauf,
stumm und wie entrückt.

Wie schön es ist, hier zu gehen, wenn in den Wiesen
rundum die Gräser erstarren, der Nebel sich duckt
und die Laute sich in die Täler verflüchtigen …

Buschwindröschen

Ihre Blüten mit den zungenförmigen, weißen Blättern
lechzen nach Licht.

Über einem dichten Netz von grünem Laub
schwingen sie beredt hin und her, taumeln im Wind,
beugen sich aber nie.

Sie markieren sonst unauffällige Flecken des
Waldbodens, als wollten sie seinen Erdtönen eine
Spur von Leben verleihen, ohne Anspruch auf
erhöhte Aufmerksamkeit.

Die meisten Spaziergänger bemerken sie nicht
und gehen oder laufen an ihnen vorbei.

Solche, die stehenbleiben, vermuten,
sie hätten sich aus nahen Gärten hierher verirrt.

In Wahrheit bilden sie während des Blühens im
Vorfrühling starke Erinnerungssegmente,
um im nächsten Jahr pünktlich an denselben Stellen
zu erscheinen.

Derart sind sie vernarrt in den natürlichen Kreislauf,
dass sie sich um dessen Sinn keinen Moment scheren.

Die orgelpfeifenähnlichen Troddeln jener scheinbar aus dem Indischen importierten Pollenkulturen
verdichten sich zu phantastischen schmalen
Vorhängen!

So ergeben die irritierend vielfältigen Strukturen
ein an östliche Curryfarbkompositionen angelehntes
Ockergelbspiel, das den Vordergrund für die
Durchblicke zum blauen Bildhintergrund abgibt.

Die robusten Dunkeltöne der dahinter sichtbar
werdenden Äste dagegen greifen aus wie
Gabelungen auf den Bildern van Goghs: um eine
Tiefenwirkung des flüchtigen Ensembles
notdürftig zu bewahren.

Die hasel blühen – kleiner Hymnus auf ein großes Gedicht

Noch einmal zurück zu den blühenden Haselnusssträuchern. Sie erscheinen in einem Gedicht,
das in meinen Augen nicht nur schön, sondern auch
rundum gelungen ist. Geschrieben hat es der
Dichter Stefan George (1868 –1933).

An baches ranft
Die einzigen frühen
Die hasel blühen.
Ein vogel pfeift
In kühler au.
Ein leuchten streift
Erwärmt uns sanft
Und zuckt und bleicht.
Das feld ist brach ·
Der baum noch grau ..
Blumen streut vielleicht
Der lenz uns nach.

Ich kenne diese Zeilen seit vielen Jahren, beim
Anblick von blühenden Haselnusssträuchern
fallen sie mir wie von selbst wieder ein. Auf ein
paar Details möchte ich aufmerksam machen.

Zu Beginn heißt es nicht »An baches rand«, sondern »An baches ranft« ... - »Ranft« ist präziser und lässt uns schmale Eis- oder Gefrierspuren am Bachrand sehen. »Ranft« hat dazu noch eine etwas altertümliche Patina und macht aus dem Gesehenen ein Detail im Sepia-Ton.

Was ist an »baches ranft« zu sehen? »Die einzigen frühen«! Die einzigen, genau, die einzigen Sträucher, die bereits blühen, genauer: »Die hasel« (und eben nicht: »die haselnusssträucher«). »Sträucher« – das wäre zuviel, zu schwer, zu platt, während »Die hasel« (verknappt) die dünnen Zweige sichtbar macht, an denen die Blüten baumeln.

Diese drei Zeilen skizzieren ein erstes Bild, die zwei darauffolgenden bilden die Intonation. »Ein« Vogel »pfeift«, ein einziger, keine Scharen oder Völker, kein Gezwitscher, sondern ein »Pfeifen«! Und wo? »In kühler au«! »Au« setzt in seinem wiederum altertümlichen Duktus die Sepia-Farbigkeit fort und knüpft daran an.

Dann die Mitte des Ganzen, der Höhepunkt, die Ekstase im ganz, ganz Kleinen: »Ein leuchten streift« ... Kein Sonnenstrahl ... (auch das wäre bereits zuviel), sondern eine kurze Erhellung! Sie »Erwärmt uns sanft« (also nur für einen Moment, aber doch immerhin), dann vergeht sie: »Und zuckt und bleicht« – Punkt. Aus.

Zwei minimale Einzelbilder setzen das Lied fort: »Das feld ist brach« – »Der baum noch grau« – bis hin zum grandiosen Schluss, dem wunderbar verhaltenen Blick in die Zukunft (die so kommen könnte, aber noch nirgends auch nur zu ahnen ist): »Blumen streut vielleicht/Der lenz uns nach.«

Ein geflüstertes, in jeder Silbe melodisch und rhythmisch vollkommenes Gedicht (man folge nur einmal den Vokalmelodien: Vom mehrfach wiederholten A über das mehrfach wiederholte Ü ... etc.), ein Wunder von einem Gedicht!

Man sollte sich immer wieder an seine Zeilen erinnern – und in ruhigen Momenten (irgendwo unterwegs) wie in einem Akt der Meditation aus dem Kopf hinschreiben! Man sollte es in Schönschrift auf besonders gutem Papier aufmalen – und dann verschenken.

Und man sollte (als Krönung) die Vertonung dieses Liedes durch Anton von Webern hören (in *5 Lieder, op. 3*).

Der Held und sein Wetter

Wir hatten Mariä Lichtmess längst gefeiert –
wir waren glücklich und erwarteten viel von der
(in unseren Augen) bereits in buntere Farben
getauchten Zukunft.

Dann aber begann es zu schneien, schnöde,
in Massen. Wir saßen in unserer Stube und zogen
den Kopf ein – so unverschämt fielen die dreist-
fetten Flocken, wohlgenährt, aus dunklen Himmeln.

Wir holten unsere Winterjagdkleidung wieder
hervor, stülpten die kratzende Wollmütze über und
griffen nach dem alten Stock, mit dem wir
durch die Wälder ziehende Meuten vertreiben.

Als wir das Haus verließen, war kein einziger Vogel
zu hören. Nicht einmal die Ahnung eines freund-
lichen Tiergesellen, von denen uns sonst so viele
während unserer ersten Schritte ins Freie begrüßen.
Wir zogen los, gefrorene Wege entlang.
Rudel junger Füchse begleiteten uns und zogen mit
heiseren Schreien durch die vereisten Terrains.

Schließlich der einsame Wolf, den wir seit einem
halben Jahr nicht mehr gesehen: Er stierte uns an,
verschob das Gebiss und machte sich auf den Weg,
hinunter ins Tal, zu den Herden der Lämmer.

Gesänge eines Holzsammlers

Der Winterorkan hatte die morschen Zweige und
Äste meines Waldes zwischen die Bäume und auf die
Wege verstreut. Sie lagen erschöpft herum, als kenn-
zeichneten sie ferne Labyrinthe und als bedeuteten
sie mir, nichts vorschnell beiseite zu schaffen.

Und so bückte ich mich und gruppierte sie anders
und legte sie zu immer neuen Formationen
zusammen – matte Abstrakta, die Luft schöpften
und im Licht dösten.

Während ich so werkelte, fielen mir die *Gesänge
eines Holzsammlers* ein, Gedichte des libanesischen
Lyrikers Fuad Rifka (1930–2011), die ich vor schon
einiger Zeit auf einer CD gehört hatte – in arabischer
Intonation durch die Stimme des Dichters, begleitet
von Übersetzungen ins Deutsche und grundiert
von der Klaviermusik Klaus Hinrich Stahmers, die
von der Pianistin Pi-hsien Chen gespielt wurde.

Und als sich der Wind wieder legte, stieg ich in
meinen klapprigen alten Wagen, schob die CD in das
Fach und hörte, durch den Westerwald auf schmalen
Straßen geisternd – bis zum Dunkel die arabischen
Lieder, ihre Übersetzung und die Musik.

Veilchen

Ihre bläulich schimmernden Blüten erheben
sich an dünnen Stängeln aus dem Bett der dunklen,
erstaunlich festen Laubblätter.

So bilden sie dichte Polster, die sich unscheinbar
geben, als sollte ihre bemerkenswerte Schönheit
besonders schlicht erscheinen.

Sie verteilen sich als schmale Ketten über einem
rauen Erdgrund, aus dessen sprödem Material
sie auf geheimnisvolle Weise ihre Kraft keltern.

Wind und Wetter entziehen sie sich.

Sie bewegen sich kaum, sondern spielen die treuen
Spiegelbilder der Himmelsfluchten, zu denen
sie in wahrhafter Anmut beständig aufschauen.

Winterlinge

Jedes Jahr gehören sie mit zu den Ersten. Kaum,
dass die Sonne etwas länger scheint, öffnen sich ihre
gelben Blüten. Von einem Kranz grüner Lamellen
gestützt, lassen sie sich bestrahlen und schließen sich
wieder am Abend.

Dann verharren sie als sonnengefütterte,
kleine Ballons an der Spitze der blattlosen Stängel
und schaukeln später im nächtlichen Wind.

Dicht nebeneinander geboren, erscheinen
Winterlinge wie muntere Scharen von Geschwistern,
die einander sehr ähneln, keine Sonderwünsche
einklagen und, falls gewünscht, auch bereit sind,
als Chor aufzutreten. Dirigenten aber vertragen
sie nicht und auch keine Begleitung.

Sie singen unisono, bescheiden, aber gut zu ver-
stehen. Plattenverträge lehnen sie Jahr für Jahr ab.

Die Frühblüher

Manche Frühblüher erscheinen in abgefahrenen,
wilden Konstellationen und arbeiten sich hartnäckig
durch das noch borstige, dominante Grün.
Nur schwach ragen sie mit ihren schmalen Köpfen
daraus hervor, lispeln sich etwas zu, tun erregt
und fallen in kalten Nächten schmollend in sich
zusammen.

Betreut sie während des Tages die Sonne, recken sie
sich empor, wedeln in Dur, nehmen Wuchstempo auf
und beginnen fremde Lieder zu summen.

Ich summe diese Klänge oft mit, auch um zu erfahren,
welcher mir bekannten Musik sie wohl ähneln.
Leider werde ich nicht daraus schlau, ich vermute,
es handelt sich um bisher noch unveröffentlichte
Harfenmusik von Erik Satie.

Gartenarbeit

Heute ist der erste wirkliche Frühlingstag.
Die Sonne sticht schon früh durch die Lamellen der
Läden, wenig später hält sie alles besetzt. Über-
flutung, Durchtränkung, es gibt kein Versteck.

Unmöglich, jetzt noch in einem Zimmer zu sitzen.
Bewegung ist gefordert, aber kein blödes Gehen
und Schreiten.

Ich rufe P. herbei, der mir beim Umgraben des
großen Beetes hilft. Das ist genau die Arbeit,
die meine Gartenhauszeitschrift (*Eisenbahn-Landwirt*) für diesen Monat verlangt. Sie nennt das
»Bodenbearbeitung« und empfiehlt den Einsatz
eines Sauzahns.

Ein Sauzahn ist eine »sichelförmig gebogene
Ziehhacke mit einem Gänsefußschar«. Er gräbt
den Boden nicht um, und er wendet ihn nicht,
er lockert und lüftet ihn vielmehr.

Später soll ich eine dünne Schicht Kompost und
Gesteinsmehle einarbeiten (wie mache ich das?).

Und noch später werde ich die Erde glatt harken
und mit den ersten Aussaaten (von was?) beginnen.

Vorfrühling ist geweitete Zukunft. Verlangt wird:
bedingungslose Zustimmung zum Leben.

Stuttgarter Stäffele

Meine Gärten haben gleich mehrere Stäffele.
Sie führen von einer Landschaftssenke hinauf zu
einem Höhenweg, der durch früheres Weinberggelände verläuft und von dem aus man auf den
Stuttgarter Süden schauen kann.

Die meisten sind viele Jahrzehnte alt und wurden
von Weingärtnern angelegt, die aus dem Tal hinauf-
stiegen und die Hänge bewirtschafteten.

Meine Stäffele haben kein Geländer und sehen aus,
als hätten die Erbauer bei ihrer Planung
die angestrebte Gerade ein wenig verpeilt.

Geht man sie hinauf, muss man (wenn man in Gesellschaft ist) einzeln hintereinander gehen. Da sie steiles
Gelände durchmessen, kommt man nicht schnell
voran. Das ist aber auch nicht gewollt.

Man soll Stufe für Stufe andächtig nehmen, mehrmals
stehenbleiben, jedes Plateau zum Panoramablick
nutzen und in den Pausen ein kurzes Lied anstimmen.

Stäffele regen kleine Prozessionen an, himmelwärts,
langsam, in Demut, dass es gelungen ist,
einem abschüssigen Gelände Würde und Schönheit
zu verleihen.

Schneeglöckchen

Schneeglöckchen brauchen nicht ausgesät oder
gelüftet zu werden, sie sind jedes Jahr einfach da.

Fantastisch, wie sie in Horden lagern, dicht gedrängt,
Seite an Seite, in engster Berührung.

Frühmorgens öffnen sie ihre Blüten und singen
Sopran, halblaute Madrigale der Frührenaissance.

Und am Mittag sind sie sonnenbesoffen und lassen
die Blütenköpfe schwer hängen.

Kommt Wind, zittern sie ein wenig und stehen steif
bis in den frühen Abend auf einem Fuß.

Sie sind Schnee und Kälte gewohnt,
und ein wenig sehnen sie sich danach zurück.

Rückwärtsgewandt sind sie, beharrlich, utopiefern.

Wenn die Sonne im Frühling richtig Ernst macht,
klappen sie in sich zusammen und geben sich auf.

Spätestens dann sind im Fernsehen Übertragungen
von Wintersportarten verboten. So bestimmt es
das Schneeglöckchendiktum.

Farne

Als winzige, helle Grünerscheinungen haben sie
Nicht-Orte des Wachstums gefunden: Mauerspalten
und schmale Ritzen, mit einem Nichts an Erde.

Blüten oder andere Farbmonturen sind von ihnen
nicht zu erwarten. Stattdessen bieten sie Woche für
Woche ein wenig mehr Grün. Erwachsen geworden,
entrollen sie sich.

In dichter Gesellschaft erscheinen sie dann wie
tropische Wegelagerer, ausfingernd nach Feuchtig-
keiten aller Art.

Lässt man sie ungestört wachsen, werden sie sich
rasant vermehren, Ebenen bevölkern, Hänge
begrünen, um schließlich in großen Völkern zu
existieren, die bis weit in den Herbst hinein
Lebenslust und Frische bewahren.

Deshalb werden unsere Blicke sie laufend suchen,
um mit ihrer Hilfe Gleichmut und Ausdauer zu lernen.

Scharbockskraut

Scharbockskraut stirbt nach ausgiebiger Lüftung, denn es nistet sich ein im Gehölz und verliert nie den Kontakt mit dem Boden. Die gelben Sternblüten verweilen geduckt und sehen aus wie vom Wind herbeigeweht.

Keine Horde, sondern eine kleine, mutige Schar, verdeckte Ermittler mit Sonnen- und Windsignalen, Heimlichtuer, Agenten in besonderem, königlichem Auftrag.

Unbemerkt ziehen sie nachts weiter und tauchen auf, wo sie niemand vermutet.

Manchmal werden sie eitel und ranken und recken sich auf. Sie flüstern und bilden Geheimsprachen aus, ohne Kontakt zu den Frühlingsblühern ringsum.

In fremden Ländern verwandeln sie sich in Margeriten, aber erst später im Frühjahr, wenn das Gras hoch steht und der Wind sanfter weht.

Frühling – ein Gesang

So, jetzt wandern die Stühle und Liegen mit den
blauen Polstern endgültig nach draußen – und der
Sonnenschirm dehnt sich wieder dem Himmel
entgegen.

Die Forsythiensträucher blitzen grell an den Zäunen,
und im Wiesengrün lagern bunte Gelage von Primeln.

Sonnig ist es und windstill, die Böen und Orkane
flohen hinter die Berge.

Stefan George schleicht durch das Gras und bittet
mit einer kaum merklichen Geste aus der Ferne
hinauf zu den japanischen Gärten und Meistern.

Frühlingsmonolog

6.15 Uhr.

Ich werde den ganzen Tag im Freien verbringen
und die Gärten nicht verlassen.

Ich werde unter dem großen Schirm sitzen und
lange Zeit lesen.

Ich werde die blühenden Weißdornsträucher und
die trunkene Mirabellenblüte im Blick haben und den
Vormittag über reichlich Zitronensoda trinken.

Ich werde nicht telefonieren und mailen, sondern
höchstens Nachrichten aus Venedig beantworten.

Ich werde mich in diesen Frühling verwandeln
und bis in die Nacht den Geistern ein stilles Quartier
bieten.

Forsythien

Von einem Tag auf den andern brennen die
Forsythiensträucher in einem malerisch nicht zu
übertreffenden Gelb und halten diese kräftige,
exzessive Farbe Tag und Nacht.

Ein Flammenwurf, ein Fanal für alle anderen Rund-
umblüher! Aufschäumend und rasend vor Verlangen
nach den Blaus und den Sonnen hoch droben beherr-
schen die Forsythien den Raum, ziehen alle Blicke
auf sich und verlangen nach rascher Ausdehnung.

Die Ränder des Gartens wollen sie dicht besetzen,
die Grenzen markieren und sich in jedem Jahr noch
um einige Hundert Blüten vermehren.

Sie erinnern daran, dass der Garten nicht nur seine
stillen, sondern auch dionysische Zonen hat.

»Es soll hoch hergehn im Frühjahr und erst recht im
Sommer«, jubeln sie, knalljung wie sie sind.

Sie haben Ansprüche und sind nicht bescheiden,
und so verstecken sich manche anderen Pflanzen so
lange, bis die Blüten dieser gelben Dramatiker sich
zusammenrollen und ihren Rausch langsam beenden.

Vögel beobachten

Johanna Romberg beobachtet Vögel, sie beginnt damit frühmorgens. Mit einer Tasse Tee und einem Fernglas geht sie auf ihren Balkon, setzt sich und wartet eine Weile. Schon melden sich die ersten Vogelstimmen.

Johanna Romberg folgend, versuche ich, die Stimmen zu unterscheiden und mich dem Studium jedes Gesangs zu widmen.

Was höre ich? Zum Beispiel »zwei zarte Pfeiftönchen«, wie von einer Fistelstimme. Es erstaunt mich, dass diese kaum hörbare Stimme von einem Dompfaff stammt, der seine weibliche Begleitung gleich mitgebracht hat. Das Paar trennt sich nicht gern und hält Verbindung.

Johanna Romberg schreibt, dass das Vögelbeobachten eine langfristige Nebenwirkung habe: »Je länger und genauer man hinhört und –sieht, desto mehr nimmt man wahr, desto schärfer werden die Sinne.«

Und so folge ich Johanna Romberg mit Kolmsen und Blomsen in ihre Sehschule, spüre Spechte im Wald auf oder begrüße den Tropfenvogel und den Prinzengirlitz.

Was für ein nützliches Buch! Es wird mein Vogel-
studium bis in den Herbst begleiten …
(JOHANNA ROMBERG: *Federnlesen. Vom Glück,
Vögel zu beobachten*)

Narzissen

Sie sind uralte Exoten und haben Dichter und
Philosophen schon in der Antike begeistert.

Mit ihren spitz zulaufenden Laubblättern, die wie
grüne Messerchen aus der Erde emporschießen,
kündigen sie ihr Wachstum an.

Danach erscheinen die Blüten – wie vornehme,
noch geschlossene Regenschirme in Gelb.

Schließlich springen sie auf, unbeobachtet und
zurückhaltend, dem Licht entgegen.

Sie erscheinen dann als fertiger Strauß und wollen es
nach dem Gepflücktwerden auch bleiben.

Das aber tut man ihrer Schönheit nicht an.
Man lässt sie leise rauschen im Wind, sonnenverliebt
schweigen und ihren Duft senden, der einen
noch lange begleitet.

Der Garten stellt Fragen

Als offizieller Eisenbahnlandwirt, der Gartenlandschaften zu belandwirten hat, führe ich im Frühjahr
einen unermüdlichen Dialog mit meiner Fachzeit-
schrift (*Eisenbahn-Landwirt*).

Hast Du Tomaten auf der Fensterbank ausgesät?
Denkst Du ans schnell wachsende Frühgemüse
(Kresse, Kerbel, Rübstiel etc.)?

Die Primeln, mein Lieber, sind schon fast hinüber –
und die Forsythien: Wie sehen sie aus?

Laubabwerfende Ziersträucher kannst Du jetzt
pflanzen, auch Rosen!

Schaffe Ordnung auf den Rabatten, säe Ringelblume
und Schlafmützchen! Pfefferminze liebt einen
feuchten und tiefgründigen Boden.

Ernte fleißig den Löwenzahn, aus ihm kannst Du
Löwenzahnkaffee und sogar Löwenzahnwein
gewinnen!

Löwenzahn-Speckküchlein und Löwenzahnpuffer
bringen jeden Frühgärtner um den Verstand,
ganz zu schweigen vom Löwenzahnauflauf oder
einem Löwenzahnhonig!

Obacht! – denn die Haselmaus (*Muscardinus avellanarius*) könnte längst unterwegs sein, und die Mönchsgrasmücke überrascht Dich mit frühem Gesang!

Als leidenschaftlicher Senfesser solltest Du Senfsamenschrot aufquellen lassen und ätherisches Senföl gewinnen – und wenn Du mit alldem fertig bist, solltest Du noch schnell einen Apfelbaum pflanzen. Wir empfehlen den Roten Boskoop, eine uralte Sorte aus dem gleichnamigen holländischen Städtchen.

Im Herbst wird er Dich mit hochprozentigen Obstwässerchen beglücken – und das ist eine Aussicht weit über das Frühjahr hinaus!

Mirabellenblüte

An diesem Wochenende sind unsere japanischen
Freunde bei uns zu Gast, leider konnten sie zur
Kirschblüte nicht in der Heimat sein.

Im Süden Japans ist diese schöne Zeit schon vorbei,
in unseren Breiten stehen die großen Blütenfeste
jedoch noch bevor. Ersatzweise feiern wir mit unseren
Freunden das Frühfest der Mirabellenblüte. Statt
Sake wird es Mirabellenbrand aus Österreich geben
und dazu in Gin eingelegte Mirabellen (vom
Vorjahr).

Zweieinhalb Tage werden wir im Schatten der
Mirabellenbäume im Gras liegen und nichts anderes
tun als (nach altjapanischem Vorbild): »Blüten
betrachten«.

Unter Mirabellenblüten

Ich weiß nur wenig darüber, wie Japaner die Kirschblüte erleben. Deshalb habe ich meinen japanischen
Freunden die Gestaltung der Tage, an denen wir
das Mirabellenblütenfest feiern, ganz überlassen.

Heute Morgen haben wir mit viel Tee (japanischem
und chinesischem) begonnen und nichts Essbares
zu uns genommen. Es ist angenehm unkompliziert,
nur Tee zu trinken und an nichts sonst zu denken, man
trinkt viel mehr Tee als sonst, man trinkt reichlich.

Dann unterbricht man den Teegenuss, indem man
(aus sehr kleinen Gläsern) etwas standfest Alkoho-
lisches zu sich nimmt, in unserem Fall war es ein
Mirabellenbrand aus der Steiermark. Man trinkt aus
sehr kleinen Gläsern, damit man das Trinken unter
Kontrolle behält und zu jedem Zeitpunkt Auskunft
darüber geben kann, wie viele Gläser man getrunken
hat. »Erst 2 dreiviertel Gläschen«, sagt man (und ist
glücklich, sich so gut zu erinnern).

Man trinkt nicht an einem Tisch oder in der Nähe eines anderen Möbels, nein, man trinkt, indem man unter den Mirabellenblüten lagert. Alle paar Momente macht einer ein Foto, von tief unten, man vertieft sich in jede einzelne Blüte, dann auch mal in ein Duo oder eine Gruppe von Blüten, man schaut sie so intensiv an, als hätten sie Namen und wollten begrüßt werden.

Danach gibt man ihnen Namen und belebt die Session durch eine Lektüre. Während jemand vorliest, wird kein Alkohol getrunken, das ist das Gute am Vorlesen, es stoppt die Alkoholzufuhr, so dass nun wiederum etwas Tee getrunken wird.

Dazu werden Mirabellen (in Gin eingelegt, vom Vorjahr) gereicht, sie gelten nicht als alkoholisch, weil die Mirabellen über den Gin dominieren und der Alkohol daher nichts zu sagen hat.

Abseits der Mirabellenblüten

Am zweiten Tag des altjapanisch inspirierten Mirabellenblütenfestes lagert man nicht mehr unter blühenden Mirabellenbäumen, sondern entfernt sich ein paar Schritte hin zu den Räumen, wo die Mirabellenblütenblätter sich niedergelassen haben.

So geht man auf Distanz zum großen Blühen und erlebt es in der absterbenden Phase, in der sich die Blütenblätter von den Bäumen befreien und eigene Pfade und Wege suchen.

Nach einigem Lagern und dem Genuss von reichlich Tee und Mirabellenlikör entfernt man sich am späten Mittag zur kleinen Bashô-Wanderung in die Ferne.

Kehrt man am frühen Abend zum Ausgangspunkt zurück, neigt sich das Mirabellenblütenfest seinem Ende entgegen. Zum Abschied trinken alle ein Glas eiskaltes Bier, man umarmt, verbeugt und trennt sich und nimmt im ersten Dunkeln die matt leuchtenden Spuren der gefeierten Blütenstreu in Gedanken mit nach Hause.

Der Gastgeber begibt sich in eine Ruhestellung und lässt die beiden herrlichen Tage ausklingen, indem er Texte liest, Bilder betrachtet oder Musik hört, die einen Anklang an Japan bewahren und bis in die tiefe Nacht noch weiter intensivieren.

Löwenzahn

Plötzlich, fast von einem Tag auf den andern,
bemerkt man sie überall und an unerwarteten Orten:
Mitten auf steinigen Wegen, an trockenen Hang-
flächen, in den Ritzen eines Bodenbelags rund um
das Haus.

Zuerst erscheint als Präludium das gezackte Grün
ihrer Blätter: ausladende Fächer und Rosetten fingern
sich über den Boden, tasten ihn ab und präparieren
ihn für den Auftritt der Blüte.

Anfänglich duckt sie sich noch, dann stemmt ein
hohler Stiel sie näher ans Licht.

Ihre Mitte zieht den Blick an, von diesem kleinen
Punkt gehen kurze, dann längere Strahlen aus,
formieren sich zu einem geschlossenen Kreis und
halten auf unerklärliche Weise zusammen.

Die Schönheit dieser Erscheinung wird oft nicht
richtig geschätzt. Dabei wetteifern ihre gelb
schimmernden Blüten mit Sonnenerscheinungen und
Epiphanien, wie sie sonst nur großen Malern gelingen:
in fein abgestuften Maßen und übereinander
lagernden Schichten einen Körper als blühenden
Raum atmen zu lassen.

Traubenhyazinthen

Traubenhyazinthen gehörten zu den Lieblingsblumen meiner Kindheit. Warum? Weil sie unerwartet in einem Winkel des Gartens auftauchten und als kleine Kolonie plötzlich ein statisches Blau hinzauberten.

Formierte sich das Frühlingsgrün ringsum noch zaghaft, so bildeten die dicht zur Traube verbundenen Blüten regungslose kleine Skulpturen, die sich von Wind und Regen nicht irritieren ließen.

Sie veränderten weder Farbe noch Aussehen, sondern behielten etwas Geheimnisvolles, als wären sie Stoff ferner Märchen und als steckten in ihren Blüten winzige Kristalle, die ihnen ihre seltsame Standfestigkeit verliehen.

Kirschlorbeer

Das ganze Jahr über ist das dunkle, polierte Grün
seiner Blätter präsent, unverändert und fraglos.
An dem rasch sich breitmachenden Strauch berühren
sie einander, neigen ihre Spitzen und streben keine
weitere Ordnung an.

Von der fein gezogenen Mittellinie zweigen nach
beiden Seiten kürzere und schwächere Linien ab –
wie unscheinbare Impulse.

Erstaunlich sind die weißen Blüten, die lange
geschlossen bleiben und einen starken Duft
aussenden.

Als winzige Kugeln bilden sie imponierende
Traubenstände in großer Zahl, die aufrecht, neben-
und hintereinander wie Gestalten eines sakralen
Ritus auftreten, dessen Regeln nur sie allein kennen
und denen sie, Litaneien anstimmend, ergeben
folgen.

Blaukissen

Zum Frühlingsbeginn erscheint wie auf Abruf der
summende Chor der unzählbaren Blüten, deren vier
blaue Blätter sich um einen gelben Mittelpunkt zu
einem kleinen Quartett gruppieren.

Sie erscheinen so dicht und sonnenbesessen,
dass sie den Unterwuchs beinahe verdecken.

Hingebungsvoll betten und klammern sie sich an
steile Mäuerchen, ummanteln sie üppig und
verwandeln ihre Blütenteppiche an besonders
sonnigen Tagen in leuchtende Pelze.

Derart bringen sie sich verhalten, aber doch stark
und schließlich anziehend zur Wirkung.

Nichts Modisches bieten sie auf, vielmehr betonen
sie nur die feine, seltene Klassik vertrauter Auftritte,
die sie wochenlang inszenieren, ohne auch nur
eine Spur zu ermüden.

Stehenbleiben

Kann man an einem solchen Frühlingsbild vorüber-
gehen? Nein, unmöglich. Alles ist Frische, Dichte,
Konzentration – voller strahlender Einzelheiten,
voller Leuchten und Atmen – eine überbordende
Neuerscheinung der Atmosphären.

In den Frühlingstagen ziehen einen solche Bilder vom
Wegrand her an und bestärken einen in dem
Glauben, die lange Zeit verhaltenen Tiefenmelodien
der Erde bestünden aus reinem Jubel.

Die Wiese

Die Wiese beginnt am frühen Morgen zu gären.
Eine grüne, dichte, wild verzahnte und pelzartige
Maische überzieht den flachen Boden, die gelben
Löwenzahnkerzen verteilen sich nach eigenen
Launen, und die weißen, hoch eleganten Mini-
Strahler der Gänseblümchen blinken in der Sonne.

Die gesamte Palette dehnt sich, tief atmend, dem
Mittag entgegen, lodert, blitzt am Nachmittag auf
und versinkt am frühen Abend, nach Durchlaufen
aller Erregungszustände, im Ermüdungstaumel
nach intensiver Sonnenbetäubung.

Im Frühling angekommen

Die dunkelgelb aufleuchtenden Blütenauswürfe
der Hainbuche, die sich auf grauem Granitboden zu
krausen Kompositionen in der Nachfolge Mirós
einfinden!

An trockenen Tagen zerfallen sie allmählich, setzen
Polleneruptionen frei und verwandeln sich in braune,
entkernt erscheinende rispenähnliche Gebilde,
deren spröde, faltige Trockenheit an Tabak erinnert.

Der Osterstrauch

Der Schneeball-Strauch ist der Favorit unter den Osterblühern. Die kleinen, weißen Blüten komponieren in kaum überschaubarer Zahl eine kreisrunde, im Sonnenlicht funkelnde Sonne.

Sie hat gewichtige Nachbarn, so dass der gesamte Strauch wie eine Explosion von hellen Flugkörpern erscheint, die irgendwann zu ihrem Frühlingsfest abheben werden.

Vorläufig zeigen sie sich aber noch strahlend auf Augenhöhe des menschlichen Betrachters und locken ihn durch ihren starken Duft fort vom Wegrand hin zu den Blüten.

Kein anderer Strauch kann mit einem derartig üppigen Blühen aufwarten, alles wirkt bedacht und bis zur Perfektion komponiert, Zeichen einer Verausgabung, die den Mai einläutet und den Jubel der Osterzeit in das stärkste nur vorstellbare Bild übersetzt.

Das Maigrün des Ahorns

Die ausladenden Blätter des Ahorns ziehen das
Sonnenlicht an, halten es fest, streuen Schattenrisse
ein und bilden ein leuchtendes Lager aus Decken
und Kissen.

Schaut man zu ihnen hinauf, möchte man in ihnen
verschwinden, während sie die Winteräste verdrängen
und unscheinbar machen.

Wie triumphal und doch schlicht ist ihr irisierendes
Leuchten – ein frisches Signal des Neubeginns nach
den dämmrigen Tagen!

So fixieren sie den Übergang, chorisch, ohne
Aufhebens, eine vertraute Sippe auf ihrem Weg
in die Zukunft.

Pusteblumen

Jetzt, Mitte Mai, holen manche Pflanzen mit ihren Blüten zu imposanten Spätwerken aus. Der »kleine Herbst« verwandelt sie in Gewächse, die ihren Samen ausbreiten, streuen und verabschieden.

Starke Kindheitserinnerungen sind die Pusteblumen des Löwenzahns, die sich trotz Wind und Regen erstaunlich halten. Sie entwerfen ein seltenes Hellgrau mit verborgenem, dunklerem Zentrum.

Ihr Erscheinen erfolgt in übersichtlichen Scharen, in denen jede einzelne Blume für sich bleibt, vom Stängel aus aufragt und den dichten Kreis der spitzen Flieger lange vor dem Abflug bewahrt.

Erst nach geduldigem Zögern werden sie entlassen und entfernen sich taumelnd von der kreisrunden, hellen Bodenstation, die als kahler, geschorener Kopf zurückbleibt.

Danach aber klappen sie entschieden und plötzlich zusammen, ducken sich fort, hüllen sich ein und summen, leiser und melancholischer werdend, immer tonloser vor sich hin, bis sie hinter den Bühnen des Gartens endgültig verschwinden.

Glyzinien

Wohin soll ich schauen? Auf die zentrale, hängende
Traube mit den lila-weißen Blütenhauben, die an
einem dünnen, biegsamen Strang hinauf- und hinab-
klettern, indem sie ihn wie ein Bergsteigerseil
benutzen?

Oder auf die schmal und spitz zulaufenden Blätter,
die sich von den auffälligen Blüten fernhalten
und ihren Glanz wie ein schlichtes, asiatisch-grünes
Dekor untermalen?

Oder auf die starken, hartnäckigen Holztriebe,
die sich um die Gerüstgitter ranken und sich schwer
an sie pressen, massive Schlingen bildend?

Glyzinien suchen die Nähe von Mauern, Wänden
und Zäunen – und damit scheinbar auch die Nähe von
Menschen.

Sie bilden mit ihrer Dreiheit von Blütengesicht,
Blattbegleitung und hölzernem Strang jedoch eine
eigene, strenge Einheit. Es ist die einer dekorativen
Garde, die Haus und Hof in ihren Außenbezirken
beherrscht und alles auf Abstand hält, was sich
unerlaubt einschleichen will.

Weinbergschnecken

Es ist Regenzeit, und wir beobachten die Weinberg-
schnecken, die an diesen feuchten Tagen besonders
gut sichtbar und aktiv sind.

Unendlich gelassen schwenken sie ihre elastischen,
durchsichtigen Fühler mit den dunklen Augen-
punkten, breiten ihr Fußbett aus und glänzen mit
den Riefen und Bändern ihres Gehäuses.

Sie leben in einer anderen Zeit und in einem anderen Raum. Ohne sich um uns zu kümmern, ziehen sie
in einem Tempo von wenigen Zentimetern in der
Minute ihre ausgefallenen Wege, in stetem Kontakt
mit Wasser und Regen und von einer Einfühlsamkeit,
die uns erblassen lässt.

Die Ankömmlinge des Frühsommers I.

Die goldgelb ins Sonnenlicht einfallenden Blüten-
trauben des Goldregens!

An warmen oder gar heißen Tagen wetteifern sie
mit dem Licht und geraten außer sich, indem
sie orkanartige Böen ins Grün zaubern, die sich am
Abend zurückziehen …, um am frühen Morgen
wie Draperien auf den Bildern Monets etwas latent
Hymnisches (und geradezu Choralartiges)
zwischen Himmel und Erde frei zu entfalten.

Die Ankömmlinge des Frühsommers II.

Die grellweiß sich zusammenballenden Blütenwolken
der gemeinen Robinien!

Als Spätest- und Letztblüher unter den Bäumen
ringsum versenden sie über das weite Gelände einen
leicht süßlichen, schweren Duft, dessen besondere
Essenzen an den Abenden und in sternendurch-
glühten Nächten früher sogar Johann Maria Farina zu
speziellen Parfüms anregte.

Im Stadium des Verblühens lösen sich die Dolden-
gehänge allmählich auf, zerlegen ihre Bestände und
schicken jedes einzelne Blütenblatt als Abschieds-
gruß des jährlichen Baumblühens mit graziöser
Leichtigkeit auf die Erde.

Ein Sommerabend

Schön ist es, an den Sommerabenden auf das allmähliche Verlöschen des Sonnenlichtes in den Wäldern
zu warten – und sich genau dann auf den schmalen
Waldweg zu machen, wenn die letzten Strahlen sich
zwischen den Baumstämmen verfangen.

Der Weg changiert zum dunkleren Grau, die
Baumwipfel schütteln das Licht von den Blättern,
im Unterholz breitet der Dunst der Tagesläufe
sich aus.

Dann lockerst auch Du die Schultern, löst Dich
von Deinen Gedanken und lässt Dich heimführen
von den Wegweisern der Szenen.

Die Ankömmlinge des Frühsommers III.

Die aus den ledrig grünen Blättern ausbrechenden Blüten der Rhododendren, die sich nach starken Regengüssen mit großen Rachengebärden öffnen!

Als Maiblüher dominieren sie an den Waldrändern die schattenreichen Partien unter hohen Bäumen, wo sie ein schutzbedürftiges Leben führen.

Gierig nach Wasser entnehmen sie den löslichen Bodenschichten jeden verfügbaren Tropfen und leiten ihn durch ihr brüchiges Holzgeäst, das die Last der Blätter und Blüten mit letzter Kraft durch Herbst und Winter stemmt.

Die grüne Schwadron

Die Mitglieder der grünen Schwadron wachsen von Tag zu Tag. Aus kleinen Rosetten entstanden, vervielfältigten sich ihre Blätter und nehmen inzwischen gigantische Ausmaße an.

Aus extraterrestrischen Zonen auf die Erde gesegelt, siedeln sie sich auf kleinem Raum an.

Als hätten sie genaue Erkundigungen eingezogen, haben sie die warme Partie einer alten Trockenmauer und eine stille, windfreie Zone gewählt.
Nur dort breiten sie sich aus, nirgends sonst.

Kleinere Nachbargewächse haben längst die Flucht angetreten, während die Schwadron sich jeden Morgen aus ihren Grasbetten reckt, laut zu schwadronieren beginnt und bis zum Abend so viel Kraft getankt hat, dass sie vor lauter Energie beinahe wieder abheben würde.

Soweit ist es jedoch nicht. Aus gebührender Distanz erwarten wir vielmehr die Erhebung der Blütenstände und das Aufblühen der gelben Kerzen, das sich über Monate bis in den Sommer hinziehen wird.

Die Ankömmlinge des Frühsommers IV.

Die Wegrandfluchten der Weißen Schafgarbe, die über das geduckte Grün einen auf und ab wogenden Schaum ausbreiten!

Die einzelnen Blüten verharren dabei in kleinen Dolden und lassen sich hin und her schaukeln, ohne dass die auf den ersten Blick schwachen Stängel brechen.

Sie erscheinen bei genauer Betrachtung vielmehr elastisch und schwingen die Dolden mitten im starken Wind, als läuteten sie kleine Glocken, die feine, polyphone Harmonien anstimmen.

Die weißen Blütenstände des Holunders, die aus dem dichten, saftigen Grün der Blätter wie aufgefächerte Korbgaben ragen!

Den Bestand der winzigen Blüten fassen sie zu breitflächigen, raumbildenden Gebilden zusammen.

Von weitem betrachtet, ergeben diese Epiphanien ein domestiziertes Strauchleuchten.

Aus der Nähe besehen, wirken die dem Licht entgegenstrebenden Blütenkörbe jedoch wie singuläre Erscheinungen, die mit anderen, benachbarten, um den Schönheitspreis konkurrieren.

Auf sommerlichen Wegen

Auf den sommerlich trockenen Waldwegen
folgte ich meinem Schatten.

Zwei Reiterinnen kamen vorbei und setzten ihren Ritt
von einem Moment auf den andern im Galopp fort.

Eine dunkelblau gekleidete Läuferin tauchte aus dem
Tal auf und lief grußlos hinab in die nächste Senke.

Die Rinder standen im Schatten eines Waldrands
und zupften mit ihren vor Hitze steif gewordenen
Zungen an bleichen Gräsern.

Ein mächtiger Raubvogel erhob sich von einer Eiche
und segelte schwungvoll über die Wiesen.

Im Trockenbett des Flüsschens wartete ein
Fischreiher auf den nächsten Fang, aufmerksam,
ein Testesser mit gutem Geschmack.

Mohn

Der grüne, raue Stängel balanciert die schwebend-
rote Blütenkomposition.

Mehrere schwere Gewänder öffnen sich verschwen-
derisch wie zur Preisgabe eines erotischen, dunklen
Geheimnisses.

Die Heerschar der Staubblätter umkreist eine Kapsel,
die im Laufe der Tage fester werden und schließlich
die gelagerten und gereiften Samen ausscheiden
wird.

Zuvor erscheint das alles aber noch so, als öffnete
sich eine leicht parfümierte Hand mit mehreren
roten Fingern und biete wie ein kleiner Teller starke,
schwarze Narkotika mit feinsten Weißschaum-
akzenten an.

Nachtkerzen I.

Wenn das letzte Sonnensträuben erlischt,
öffnen sich die Blüten der Nachtkerzen.

Nacheinander, in raschem Wechsel, springen sie auf,
schälen sich aus ihren Tagesbehausungen und
strecken die Fühler aus.

Ein paar letzte Falter und Insekten touchieren sie,
lassen dann aber endgültig und wie auf Geheiß
von ihnen ab.

Sind sie endlich allein, atmen sie die Düfte der Nacht
und erstrahlen.

Im stärker werdenden Dunkel leuchten sie und
werden zu gelben Oasen, jede für sich, schöne
Autonomie – und dennoch eins mit den anderen
in den gemeinsamen Hymnen und Liedern.

Heckenrosen

Aus dichtem Efeumauergrün brechen sie hervor,
wild und lässig, ein Schwarmanfall, ausgelassen, lauter
solistische Wesen, wie sie in Märchen erscheinen.

Passiere ich sie, bleibe ich jedes Mal stehen, so
nahe bin ich diesem frischen Atem und einer
aufgedrehten Lust, die ich bis in letzte Nuancen
spüre, als Ausdruck geheimnisvoller Geschichten,
von denen die eingeweihten Wesen in dunklen
Liedern berichten.

Die Malve

Sie ist die Einzige, ganz und gar solitär.

Und sie begrüßt mich am Gartentor, angelehnt
an die alte Trockenmauer.

Wenn ich das Tor öffne, blicke ich in das Weiß
ihres tief liegenden, zurückhaltenden Augenpaars
– und sehe: dass sie aus raren Kleidern besteht,
Kleidern nach letzten Tänzen, sommerlich über-
müdet.

Nirgends sonst leben Blütenblätter, um- und
ineinander verschlungen, so schön in den Rhythmen
aus der Ferne kommender Klänge, verdächtig
nahe dem Tango.

Erste Früchte

Die ersten Früchte leuchten, sie wurden am frühen Morgen gepflückt.

Die hohe Leiter steht noch am Kirschbaum, und in den Kronen der Bäume fehlen nun die roten Akzente.

Auch die Himbeersträucher erscheinen matt, gelbgrün und monochrom, als wäre man ihnen mit der Ernte zu nahegetreten.

Das Leuchten markiert den letzten Schwung dieser Früchte vor dem Verzehr, der sie von ihrem hinfälligen Dasein erlöst und zugleich dessen späten Höhepunkt ausmacht.

Wir werden sie am Abend auftanzen lassen: die Kirschen im flachen Korb hingestreut – und die Himbeeren in pyramidaler Form, wie auf dem bekannten Gemälde Chardins.

Sommerszenen

Seit Anfang Mai haben wir darauf hingelebt, bereits
damals begann schon das sommerliche Dasein
mit seinen immergleichen, hellen Tagen: Dem frühen
Blinken des Lichts, dem Weiterlodern, dem Glühen
am Mittag und dem langsamen Abwandern der
Strahlung bis in den stillen Abend hinein.

Solche Regelmäßigkeit lässt uns leichter leben als
sonst. Wir kümmern uns nicht, wir leben luftig, ohne
schweres Essen, mit selbst gemachten fruchtigen
Getränken.

Ein Leben fast ohne Kleidung oder aufwändige Mahl-
zeiten, ein einziges Driften im Licht, und später
grad da, wo die Schatten besonders aufmerksam sind.

Wir hören Musik, bis in die Nacht, auf der alten
Terrasse, wo kleine Feuer noch am frühen Morgen
vor sich hin glimmen.

Frühmorgens: Wie viele Vögel in der grünen Wildnis ringsum zu hören sind!! Singen oder schreien, rufen oder schlagen sie – wie soll ich ihre Laute benennen?

Peter Krauss hat ein *Handwörterbuch der Vogellaute* geschrieben und ist darin den »Lautäußerungen« der Vögel nachgegangen, so wie sie in alten Enzyklopädien, Lexika oder Vogelbüchern festgehalten wurden.

Die Goldammer zirpt oder ruft (zipzizi zizizizi). Die Amsel pfeift und flötet, kann aber auch schnirpen, schackern und zetern. Der Bussard bust, hiäht oder miaut, während die Elstern eindeutig zetschen oder schättern.

Mit Hilfe einer App, die mir diese Vogelstimmen präsentiert, kann ich das Lautorchester aus dem Grünen noch weiter durchdringen.

Nach und nach erkenne ich einzelne Stimmen und kann genauer entscheiden, ob der Buchfink gerade an diesem Morgen pinkt, binkt oder finkt oder (vor zu erwartendem Regen oder Sturm) doch eher schirkt oder schilkt.

Ich verstehe die Kompositionen besser und weiß
sie sogar ein wenig zu deuten. Einige handeln vom
Wetter, andere von Zuneigung, und manche sind
auf Parodie und Nachahmung anderer Stimmen aus.
Und nun sag: Welche sind Dir am liebsten?

In meinen Wäldern

In meinen Wäldern wurden viele Fichten, die
wegen der anhaltenden Dürre vom Borkenkäfer
befallen waren, gekappt. Das Forstamt hat mit
der Neubepflanzung begonnen und setzt auf Hain-
buchen, Winterlinden, Esskastanien, Spitzahorn
und Wildkirschen, die in kleinen Runden auf
die entstandene Freifläche gruppiert werden.

Die Stümpfe der Fichtenbäume erscheinen auf
der Kahlfläche wie Denkmäler der alten Zeit, der
die wild gewachsene, dichtgrüne Phalanx der
überlebenden Bäume entgegensteht. Sie wirken
wie eine geschlossene, immune Gesellschaft,
die gerade alle Anstrengungen aufbietet, das
neue Leben mit zu generieren.

Schon in wenigen Jahren wird die Kahlfläche anders
aussehen: eine bunte Mischung verschiedenster
Zöglinge statt der alten, dürren Garde von Fichten,
die etwas von einer lethargischen Kompanie
hatten. Sie wollten ausharren und uralt werden,
jetzt sind sie gefallen – auch der Wald ordnet
sich neu und vitalere und hellere Kreise ziehen
nun ein.

Sie sind der nächtliche Begleitreigen der königsgelben Schwadron. Streckt diese sich brütend in der Hitze des Tages, so beginnen die Nachtkerzen ihren Tanz am frühen Abend, als es allmählich kühler wird.

Die dunkelgrünen, ledrig erscheinenden Kelchblätter umschließen das dämmernde Gelage der gelben Blüten, bis deren gestockte Kraft sie sprengt und die einzelnen Blütenblätter hervorschießen und sich entrollen.

Geöffnet bilden sie zwei ineinandergreifende Lagen von hellgelben Fächern, die sich an der Frische der Nacht nähren, bis sie, sobald die Hitze wieder erstarkt, in sich zusammenfallen und mit einer bekümmert und schwächelnd erscheinenden Pantomime ihren Abschied verkünden.

Landregen

Landregen! Schon das Wort beruhigt und lässt
einen durchatmen.

Keine Helligkeit, kein Windesweben – sondern
ein Regen, der sich der Erde so verhalten und tonlos
annimmt, als wollte er ihr hingestrecktes Grün
nur leicht befeuchten.

Man sieht ihn nicht, so dezent bringt er sich ein, keine
schweren Tropfen, sondern ein dauerhaft zwischen
dem eintönig hellgrauen Himmel und der dürstenden
Erde vermittelnder Schleier.

Geht man nach draußen, ist er die pure Erfrischung.

Einen Regenschirm zu benutzen, würde ihn kränken,
er bestäubt den Kopf, mischt sich ins Haar und
verdunstet sofort auf der Kopfhaut wie feines,
geruchloses Wolkenparfüm.

Auf den Blättern der Hortensien hinterlässt er ein
Netz von kleinen Tropfen, die sich halten und
klammern.

Tagelang könnte es so weitergehen – und alle,
die er berührt und beschwichtigt, wären für eine
Weile einmal wieder zufrieden.

Klaräpfel

Erstaunlich früh im Jahr habe ich Klaräpfel geerntet. Jeden Tag poltern sie in Scharen auf die Erde und wollen sofort aufgehoben und weggetragen werden.

Weich und wächsern liegen sie in der Hand, wie frisch poliert.

Für kurze Zeit zeigen sie ein vitales, aber verhaltenes Grün.

Lässt man sie aber mehr als nur einen Tag liegen, trocknen sie langsam aus, nehmen ein ungesundes Gelbgrün an und schmecken wie mehliger Puder.

Gesunde Klaräpfel sind die Apfelvorspeisen des Herbstes, die ich Abend für Abend in den Ofen wandern lasse, mit Nüssen, etwas Honig und Vanille gefüllt. Im Ofen entfalten sie einen Frühherbstgeschmack und zeigen ihr Talent, mich zu begeistern.

Hibiskus

Wie kaum eine andere Blüte reagiert die des weißen
Hibiskus auf die sommerliche Wärme und Hitze.

Sie schlägt ein bequemes Lichtlager auf und ordert
getöntes Strahlen, mit schwachen Schatten garniert.

Die Blütenblätter verwandeln sich in etwas
Stoffliches, als bestünden sie aus federleichten,
bequemen Laken.

Sie betten sich so ineinander, dass nirgends eine
Öffnung, sondern höchstens eine leichte Vertiefung
entsteht, die von der schimmernden Fruchtsäule
der Staubblätter besetzt wird.

Als Ganzes hat diese Erscheinung etwas Entrücktes,
so dass man nicht wagt, sie zu berühren.

Sie feiert ihre sommerlichen Feste allein, ohne uns,
und sie empfängt seltenen, hohen Besuch,
der durch die geheime Hintertür wieder verschwindet.

Goldruten

Dicht nebeneinander besetzen die robusten,
erstaunlich hoch gewachsenen grünen Stängel an den
Rändern des Beetes ein eigenes Feld. Ihre Blätter
erscheinen fest, glänzend wie Lorbeer, sie lassen den
Regen abgleiten, als wäre Wasser nur lästig.

Und wirklich harren sie selbst bei höchsten
Temperaturen regungslos aus und zeigen, wüsten-
verliebt und ins Trockene vernarrt, nicht die
geringste Wirkung.

Das Blütengelb ihrer oberen Segmente offenbart
ihr geheimes Gespräch mit den Sonnen, denen sie
Höhenmassive alpiner Strukturen abtrotzen.

Auf ihnen bewegen sich Bienen und Schmetterlinge
klettersüchtig entlang, tänzelnd über den Abgründen.

Eidechsen

Auf der Terrasse unter dem großen Sonnensegel
besucht mich an diesen heißen Tagen eine Eidechse.
Sie ist urplötzlich da und besetzt immer denselben
Ort: Einen Mauervorsprung, auf dem die Sonne
besonders stechend verweilt.

Wie erstarrt krallt sie sich in das Licht und regt sich
nicht. Wenn ich sie länger betrachte, werde ich still.

Schließlich sind wir einander sehr nahe in unserem
Stieren und Schauen und in der Lust, uns die Wärme
einzuverleiben.

Mir gefallen ihr langer, spitz zulaufender Schwanz,
ihr grünbraunes Schuppenkorsett und ihre wachsam
erscheinenden Augen. Sie ist eine Einzelgängerin,
da könnte ich wetten. So behält sie ihr Leben für sich,
samt der Beute und der raren Entdeckungen in den
Zonen des Lichts.

Sonnengesänge könnte sie dichten, während ihre
Beobachter sie in ein Haiku verwandeln. Bereits von
Natur aus ist sie nämlich eine Haiku-Erscheinung,
eine Kreatur abgemessener Silben und dreizeiliger
Takte.

Perlen

Die Trauben des kleinen Weinstocks am Gartenhaus
schimmern jetzt erntereif.

Die Beeren leuchten in den verschiedensten Farben,
von hellgrün bis dunkelblau.

Ich pflücke sie einzeln, auf der Hand liegen sie nebeneinander wie Perlen aus Glas.

Prall, die Haut gespannt, platzen sie auf der Zunge
und lassen ein schmales Rinnsal von süßherbem,
körnigem Saft strömen.

So sind sie ein starker Genuss: Perlenkontakt,
Perlenverzehr – der feinste Luxus, den der Garten
zu bieten hat.

Spätsommer

Nein, der Vollherbst rauscht noch nicht durchs Land,
wir erleben vielmehr gerade den Spätsommer oder
den Frühherbst, also eine der schönsten Übergangs-
zeiten des Jahres.

Die sommerlichen Energien lassen nach, und das
Sonnenlicht legt sich breit, wie eine glimmende Decke,
auf das austrocknende Grün. Die ersten Gelbtöne
schimmern durch, und die Früchte verdichten ihr
Spektrum der Farben. Die Wärme kauert zwischen den
Pflanzen, Sträuchern und Bäumen als ein letzter
Vorrat, ausharrend. Kein Wind, keinerlei Bewegung,
sondern ein einziges Gehenlassen, die letzte,
große Statik der Natur vor dem Umbruch.

Aber, was bemühe ich mich? Friedrich Hebbel hat
das alles klangvoll besungen. Er nennt sein Gedicht
»Herbstbild«, und er erkennt darin einen Herbsttag – in Wahrheit meint er aber wohl eher einen
Spätsommertag:

Herbstbild

Dies ist ein Herbsttag, wie ich keinen sah!
Die Luft ist still, als atmete man kaum,
Und dennoch fallen raschelnd, fern und nah,
Die schönsten Früchte ab von jedem Baum.

O stört sie nicht, die Feier der Natur!
Dies ist die Lese, die sie selber hält,
Denn heute löst sich von den Zweigen nur,
Was vor dem milden Strahl der Sonne fällt.

FRIEDRICH HEBBEL

Waldspaziergänge

Die Waldspaziergänge am frühen Abend können
nicht lange genug dauern. Keine Tiere, keine
Vogelsignale, sondern eine leichte Anspannung,
kurz vor dem Kipp in die Nacht und das Dunkel.

Frühherbststimmung. Die Blätter der Bäume und
Sträucher noch ohne starke Färbung, das morbide
Grün entrückt, auf Distanz, nicht mehr kraftvoll oder
lebendig. Eine seltsame Starre: als zöge sich alles
Leben langsam zusammen.

Dazu die feine Kühle, ein statisches Gleichgewicht,
keine wärmeren oder kälteren Parzellen, sondern
das einheitliche Lagern einer Frische, die der Kopf als
etwas sehr Konstantes erlebt.

Längst reichen die Sonnenstrahlen tagsüber nicht
mehr bis tief hinunter in diese allmählich ausdorrenden
Zonen, die schon vom Winter handeln,
aber den Abstand zu ihm noch in feinen Nebelbänken
markieren.

Sie liegen am späten Abend auf den weiten, offenen
Wiesen, die aussehen wie Metaphern der Träume,
mit denen man sich in die Nacht zurückzieht.

Artischocken

Die ersten Farben, Klänge und Düfte des Herbstes
sind da! Auf den Märkten leuchten die Sonnenblumen,
und die violetten, kreisrunden, flockigen Blüten
der Artischocken ziehen die Blicke an.

Starke, exotisch wirkende Farben nehmen rasch zu,
und wir wittern den Rauch verbrannter Äste im
zunehmend früheren Dunkel des Abends. Ein strenger
Erd- und Waldgeruch setzt sich durch, und trockene
Blätterscharen mit matten Brauntönen werden
von letzten, tiefsitzenden Sonnenstrahlen bestäubt,
die in den Altweißregionen der Trockenmauern
langsam verblassen.

Stuttgarter Geißhirtle

Die kleinen, tropfenförmigen Birnen des Früh-
herbstes, die im Raum um Stuttgart zuerst um 1750
angeblich von Ziegenhirten gefunden wurden,
schmecken wie süße Fruchtkonzentrate mit saftigem
Zimtnachgeschmack.

Das verleiht ihnen einen starken Purismus, der jede
Begleitung durch andere Speisen ausschließt.

Die Geißhirtle sind Raritäten, die höchstens junge
Trauben neben sich dulden. Der frühe Herbst hat in
diesen Angeboten seine passenden Speisen gefunden!

Rudbeckien

Für die Dauer etwa einer Woche springen ihre
sonnigen Blüten alle zugleich auf, drängen sich dicht
zusammen und bilden ein herbstlich getöntes
Feld von gelb- und orangefarbenen Schirmen, deren
Blütenblätter einen kreisförmigen, dunkleren
Zentralpunkt umspielen.

Sie sind ein letztes Aufgebot glühender Farben.
In fernen Räumen rauschen und wehen sie auf hohen
Wiesenkuppen, um das Wogen des nahen Meers
auszuleuchten.

Ein Meer im Kleinen sind sie selbst, den zu nahe
tretenden Schatten entflohen, Lichtsauger der tief
stehenden Sonne, deren Würze sie konzentrieren
und später mit in feine, duftende Salben verwandeln.

In den nahen Wäldern

In den nahen Wäldern schießen die tief stehenden
beißenden Sonnen in das noch vorhandene Grün und
präparieren es für den bunten Herbst. Noch ist davon
kaum etwas zu sehen, nicht einmal eine Andeutung.

Das Grün schleppt sich hin, erträgt den dann und
wann aufbrausenden, lästigen Regen, tropft sich aus
und schwingt sich mit einem letzten Aufbäumen
empor.

Es ist ein einziges Warten auf einen starken Vollherbst …

Die Katze

Als ich am frühen Morgen die Läden der Gartentür
öffne, liegt die braun gefleckte Katze auf einem der
Polster, die ich auf den Gartenstühlen liegen gelassen
habe. Sie schaut in den Herbstnebel und tut, als
bemerkte sie mich nicht.

Ich schlage die Läden zurück und beobachte sie
eine Weile. Ihr Blick saugt sich an den Schwaden fest,
die den Gartenboden bedecken, graue Schleier,
die der schwache Wind auf und ab federn lässt.

Ich habe zu tun und gehe eine Weile ins Haus.
Als ich später zurückkomme, liegt sie noch immer da,
dreht sich jedoch nach mir um.

Ich setze mich neben sie, und wir starren
in den Garten, wo sich die Nebel gerade verziehen
und zu den Hängen hinaufklettern.

Ich überlege, ob ich sie ansprechen soll, tue das aber
nicht, als ich sie gähnen sehe. Hat sie etwa geschlafen?
Ist sie hungrig oder durstig?

Ich selbst bin es ein wenig, und so hole ich mir
im Haus einen Kaffee und ein Brot. Sie schaut weg
und verlässt ihren Stuhl, als ich zu trinken und zu
essen beginne.

Dann lässt sie sich eine schmale Treppe hinab in den Garten gleiten, streicht an einer Mauer entlang und biegt – unglaublich sicher und ohne jedes Zögern – in das dunkle Staudenterrain ab.

Dort raschelt und knackt es, und ich höre sie kurz aufjaulen, zornig und heftig.

Kurz bevor ich wieder ins Haus gehe, kommt sie zurück, legt sich, als wäre sie bloß spazieren gewesen, in ihren Stuhl und dreht sich auf den Rücken.

Ich habe den weiteren Tag mit kurzen Unterbrechungen an ihrer Seite verbracht. Zunächst war sie noch die Fremde, bei mir zu Besuch. Wir haben uns aber immer besser verstanden, ohne eine Geste, ohne Berührung und ohne ein Wort.

Später schauten wir einander auch an, da waren wir längst Freunde geworden.

Am Abend blieb sie liegen, als hätte sie ihren Platz für immer gefunden. Ich ließ die Terrassentür noch einen Spalt offen, aber sie kam nicht ins Haus. Als es Nacht wurde, schloss ich die Tür. Sie schlief fest.

Heute bin ich in den herbstlichen Wäldern mit dem japanischen Dichter und Wanderpoeten Saigyô (1118–1190) unterwegs. Seine *Gedichte aus der Bergklause (ausgewählt und übersetzt mit Kommentar und Annotationen von Ekkehard May)* sind erschienen.

Mit zweiundzwanzig Jahren hat er sich aus dem Hofdienst verabschiedet und ein Leben als Einsiedler und Eremit begonnen. Mehrmals ist er zu langen Wanderungen durch Japan aufgebrochen, später hat er zusammen mit anderen Mönchen in einem Kloster gelebt.

Gedichtet hat er zum großen Teil 31-silbige Gedichte, sogenannte *waka,* von denen er später viele zu einer großen Sammlung (*Sankashû*) zusammengestellt hat. Sie ist nach den in Japan stark rituell begangenen Jahreszeiten gegliedert.

Eines der Gedichte kam mir auf meinen Pfaden heute besonders nah: »Keinen Weg gibt's mehr. / Das Haus im gefallenen Laub / fast ganz versunken; / frühzeitig lässt es mich nun / wintervergraben schon sein!«

Nach mehrmaligem, langsamem Lesen folgte ich
den hilfreichen Erläuterungen, die der Japanologe
Ekkehard May seinen Übersetzungen beigegeben
hat. So erfuhr ich, warum dieses Herbstgedicht
für die Japaner ein Wintergedicht ist. Das im Laub
versunkene Haus erinnert nämlich bereits an die
kalte Jahreszeit, in der das Haus im Schnee versinken
könnte. *Wintervergraben* werden dann all jene leben,
die sich in ihre Häuser zurückziehen und sich
(wie manche Tiere im Winter) dem Winterschlaf
hingeben …

So war ich auf altjapanische Weise unterwegs.
Kurz vor dem Heimkommen murmelte ich
noch vor mich hin: »Als Andenken an / den Herbst,
der nun zu Ende geht, / für eine Weile noch /
möcht ich die bunten Blätter sehn – /
zerstreu sie nicht, du rauer Wind!«

Auf der Terrasse

Seit dem Frühjahr habe ich fast jeden Tag auf der
Terrasse hinter dem Haus verbracht. So etwas gab es
in meinem Leben noch selten: Ein halbes Jahr
fast ausschließlich im Freien, bereits morgens zum
Frühstück, dann während der Arbeit – und weiter,
bis in die Nacht.

Im Morgendunkel habe ich dort den Sonnenaufgang
erlebt, und nachts das Sternenleuchten –
es war, als wäre die Terrasse das Zentrum von Natur
und Kosmos, akzentuiert von gedämpfter Musik,
die aus dem Innern des Hauses kam.

Ohne dass ich es bemerkte, hat mich das Terrassen-
leben allmählich verwandelt: Wochenlang trug ich
dieselben Hemden und kurze Hosen, ich wurde schon
vom puren Sitzen hellbraun und sah so gesund aus,
als hätte ich im Süden Urlaub gemacht.

Ein wenig war es auch so, denn meine Terrasse
ähnelte immer mehr einem Strand. Um mich herum
die goldgelben, sandigen Farben, die stehende Hitze,
der Teich mit seinem erstarrten Blau – daneben
die Liegestühle mit ihren Orangetönen und auf den
niedrigen Beistelltischen Gläser mit kalten Getränken,
Tee und Kaffee.

Ich hätte von meiner Terrasse aus ins Gartenmeer
springen können, das schaffte ich nicht, doch den
Tieren gelang es.

Am Mittag flüchteten die Mäuse aus den Ritzen
der Trockenmauern in die kühleren Zonen, und an
den Abenden ließen sich die Feuersalamander die
Treppenstufen zum letzten Nass hinabfallen,
ganz zu schweigen von den Vögeln, die den ganzen
Tag über unermüdlich aus den Schatten zu den
Wasserstellen flogen, tranken, badeten und mit
Früchten im Schnabel zurück flatterten.

Ginkgo biloba

Die schönsten Blätter des Herbstes sind die des Ginkgo-Baums. Sie fallen nicht zu Boden, sondern segeln langsam auf die Erde, wo sie einen dichten Teppich bilden.

Anders als andere Herbstblätter kräuseln sie sich nicht, sondern bleiben überwiegend plan, glatt und wie poliert. Nach einem dunklen Grün im Sommer haben sie hell- und schließlich abendsonnengelbe Fächer gebildet, bis ein verhaltenes Braun ihr Verwesen ankündet.

Jeder, der sie zufällig betrachtet, merkt auf: Woher kommen sie? Wo sind sie zu Hause? Sie kommen von weither, aus China und Japan, wo sie noch heute (wie sofort zu ahnen) als Tempelbäume verehrt werden.

Die eigenartige Form ihrer Blätter hat die Dichter beschäftigt. Jedes Blatt erscheint zweigeteilt, eingeritzt in der Mitte.

Als Goethe auf diesen Baum aufmerksam wurde,
ließ ihn der Anblick nicht los, so dass er auch
in Weimar einen solchen Baum pflanzen ließ.

»Dieses Baums Blatt, der von Osten /
Meinem Garten anvertraut, / Giebt geheimen Sinn
zu kosten, / Wie's den Wissenden erbaut.« –
so die erste Strophe seines Gedichtes »Gingo biloba«.

Der wissende Goethe legte sich das Rätsel des
Ginkgo-Blattes als Anspielung auf eine Paaridee aus.
Als »Eins und doppelt« erschien es ihm – und
damit als Symbol einer Freundschaft, die sich (wie es
stattliche Ginkgo-Bäume tun) vertiefen und alt
werden könnte.

Beruhigung

Dann fand ich mich wieder.

Es waren die alten Wege, der Herbst
hatte für alles gesorgt …

Herbstlaub

Immer, wenn ich in diesen Tagen größere
Haufen von Herbstlaub sehe, fällt mir ein Gedicht
Stefan Georges ein.

Ich schaue aufs Laub und höre Zeile für Zeile – und es
ist noch immer das alte Wunder eines leichten Stefan
George-Gedichts:

Sprich nicht immer
Von dem laub ·
Windes raub ·
Vom zerschellen
Reifer quitten ·
Von den tritten
Der vernichter
Spät im jahr.
Von dem zittern
Der libellen
In gewittern
Und der lichter
Deren flimmer
Wandelbar.

Gehen im Herbstwald

Das Gehen im Herbstwald. Anders als in Frühjahr und Sommer war der Wald keine tiefgrüne, schattige, in sich geschlossene Sphäre. Die nur noch spärlich belaubten Äste ließen die Sonne aus vielen Richtungen durch den Baumbestand schießen, und die sich bereits kahl stellenden Stämme traten hier und da wie knorrige Obelisken hervor.

Dazu der bunte, sich breit lagernde Blätterteppich des Bodens und die letzten schimmernden Blätterfarben in den höheren Lagen, hingezaubert wie von Klimt.

Stark gemischte Düfte von faulenden Pilzen, feuchter Erde und zerfallendem Blattwerk.

Nebelballons über den Wiesen und im Aufbruch der Lichtungen.

Und plötzlich: der Sonnenguss aus den Himmeln, mit all seiner Heftigkeit, als strömten die späten Energien noch einmal mit der Kraft des lodernden Sommers.

Quitten

Quitten sind die vorletzte Ernte, kurz vor dem endgültigen Winterbeginn. Sie baumeln schwer an ihren elastischen Zweigen und weigern sich, zu Boden zu fallen.

Zupft man sie ab, berühren die Fingerkuppen den weichen Pelz und die schüttere Behaarung. Entfernt man diesen Schutz durch vorsichtiges Reiben, leuchten sie in einem satten, melancholischen Gelb und duften überraschend ätherisch.

Unwissenheit führte in Kindertagen dazu, dass man sie für Äpfel und gar Birnen hielt. Um sie von diesen Früchten zu unterscheiden, malte Paul Cézanne ein berühmt gewordenes Bild, in dem Äpfel, Birnen und Quitten dicht neben- und aufeinander lagern. Wer es einmal genauer betrachtet, benennt Quitten ab sofort richtig und staunt über ihr gesetztes und ernstes Dasein, das an ihre östliche (Kaukasus) sowie südliche (Kreta) Herkunft erinnert.

Herbst

Der Baumhimmel der Äste und Zweige schüttelt
sich in den herbstlichen Wettern und flieht zu Boden,
wo er sich zu dicht gewebten Teppichen ausbreitet,
in Erwartung der graueren Tage.

Die Saat der Flut – jedes Blatt eine Nuance ver-
blassender Farbe, aufeinander geschichtet zu einem
späten Tanz, der im Regen und in der zunehmenden
Kälte der Tage langsam abnimmt und in den dunklen
Erdtönen versiegt.

Nachts leuchten diese Szenen noch einmal auf,
als zündeten die glimmenden Wirbel dieser späten
Kombinationen einen kaum erwarteten Spuk.
Dann beginnen die Stunden der wispernden Geister,
die sich brütend und schwer mit dem Atem der
Erde verbünden und darüber wachen, dass niemand
die Ruhe der Szenen stört.

Meine Eltern kannten die Namen der Pflanzen, Sträucher und Bäume in unseren Westerwälder Gärten
genau. Fragte ich danach, erhielt ich meist eine Auskunft, konnte mir die Namen aber oft nur unvollstän-
dig oder in kindlich veränderter Version merken.

»Ilex« dagegen war ein Name, den ich nie vergaß,
denn er passte genau zu dem leuchtend-gefährlichen
Rot der in dichten Trauben versammelten kleinen
Früchte und den dornigen, aufflammenden Zacken
der ledrigen Blätter.

Ich wagte nie, sie zu berühren, aus Angst, vergiftet
zu werden, ja, selbst die Vögel hätte ich am liebsten
gewarnt, auf keinen Fall von ihnen zu kosten.

Dabei gefiel mir ihr Leuchten doch sehr, und ich musste
in den herbstlichen Tagen oft hinschauen:
auf den Kranz der grellgrünen Blätter mit ihren fein
ausgemalten, hellen Umrandungen und auf die
Nestfülle des Rot, das sich so lange hielt und selbst
bei kälteren Temperaturen nicht vergehen wollte.

»Ilex« war für mich der Name einer magischen
Pflanze, die etwas Märchenhaftes hatte und zu
Schneewittchen passen würde: stechend und schwere
Blutstropfen vergießend, die das Rot der Früchte
mit einem nachdunkelnden Ton überzogen hätten.

Der Laubfall

In diesen Tagen schreibt der Laubfall seine
Geschichten. Die Äste und Zweige der mächtigeren
Bäume treten prägnant und mit leicht metallischem
Glänzen hervor.

Sie entwerfen die dunkle, stabile Struktur einer
Plastik, die den Wuchs des zurückliegenden Jahres
bewahrt und fragen lässt, wie man ihm weiter
begegnet: Zurückschneiden? Hier und da kürzen?
Kleine Eingriffe in den Gesamtbau, um eine
harmonischere Form zu erzielen?

Die trockenen Blätter weiten sich ein letztes Mal
und betonen die feinen Adern. Dann lösen sie sich
leicht und hinterlassen eine minimale Wunde,
die sich schon bald wieder schließt. Auf dem Boden
sammeln sie sich schichtweise, lagern sich breit,
rollen sich mehr und mehr zusammen und bilden
allmählich den Winter hindurch eine feine Streu,
die sich zu Erde zersetzt.

Die dunkle Plastik jedoch setzt sich den kälteren
Wettern aus, unterzieht sich der Kühlung,
bündelt Energien und wartet, bis die Böden sich
wieder öffnen und feuchtes Venengeäder
anbieten.

Der erste Schnee

Der erste Schnee erscheint in kleinen Inseln,
die einige Stunden bestehen und dann langsam
verblassen.

Sie zeigen sich in den kältesten Zonen des Gartens,
gut geschützt, unangetastet. Dort, wo sonst kaum
jemand hinschaut, erscheint mit einem Mal ein Dekor,
der sich gegen die größeren Flächen behauptet.

Er verfärbt sich nicht, sondern gräbt sich langsam in
Erde und Laub. So präpariert er eine bestimmte
Zone für den stärkeren Schneefall in baldiger Zeit.

Graupel

Graupel ist eine eisige Saat, die aus den Himmeln
stürzt.

Die Wolken ziehen zu, die Welt wird immer dunkler
für diesen Guss, der sich auf der Erde versprüht
und rasch – wie hingefeuert – zerplatzt.

Man bleibt stehen und wartet ab, bis die tollen
Signale sich ausgetobt haben.

Schließlich befallen sie auch die Haare, nisten sich ein,
tropfen ab und laufen in schmalen Strähnen am Hals
herab.

Bis sie enden in der lauen Wärme des Kragens,
der die flüssig gewordene Saat aufweicht und bricht.

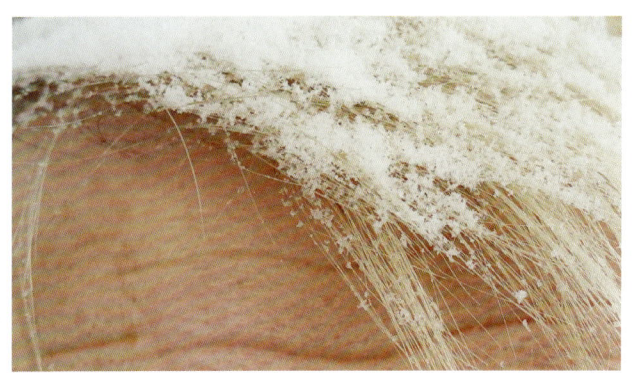

Winteräpfel

Die kleinen, roten Winteräpfel sind die letzte Ernte.
Sie haben den schweren Sommer und den leuchtenden
Herbst gespeichert und leuchten wie Ampeln,
die den Advent vorwegnehmen.

Beißt man in sie hinein, explodieren sie förmlich.
Der ausströmende, süße Saft verbindet sich mit dem
festen, hoch aromatischen Fruchtfleisch, als steckten
die Hitzeekstasen des Jahres in ihren kleinen
Schalenbehältern und als hätten sie die Minusgrade
der letzten Nächte genutzt, um sich einen Kälte-
schub zu verpassen.

Verblüfft schmeckt man, wie drei Jahreszeiten
nacheinander sie zur Vollendung getrieben haben.

Sie werden gelagert und bis zum Beginn des neuen
Jahres verzehrt, sie sind die eigentliche Erinnerung
an alles, was an guten Wettern in diesem Jahr so alles
geschah.

Eiswein

Die allerletzte Ernte des Jahres gilt dem Eiswein.
Die Traubendolden sind gefroren, und jede Traube
hat ein spezifisches, unverwechselbares Winter-
Format: pralle Kugeln mit sehr süßem Saft, faltige
Mantelträger, zu Mini-Rosinen geschrumpfte,
ausgepresst erscheinende Spätlinge.

Vor den Vögeln wurden sie durch Netze geschützt,
die jetzt beiseite geschlagen und abgenommen
werden. Ich lese die Dolden aus, an Adventssonn-
tagen sind sie das winterliche Dessert.

Im Dezember haben wir in der Kindheit die ersten Feuer gemacht. Wir haben das trockene, aufgelesene oder geschnittene Holz vom vergangenen Jahr gesammelt und daraus einen kleinen Stapel gebaut.

Sobald es dunkelte, zündeten wir einige Hölzer an und wachten darüber, dass die züngelnden Flammen ihren Fraß fanden. Sie breiteten sich aus und schlugen gen Himmel, und wir warteten, bis sie sich nach dieser Streckung rasch wieder senkten. Dann dehnten sie sich von Ast zu Ast und ummantelten jedes einzelne Holz.

Ein richtiges Feuer loderte bis tief in die Nacht. Manchmal legten wir kleinere Hölzer nach und sahen, wie die erste Asche zerfiel. Eine kompakte Glut wurde genährt und setzte sich fest, und wir bekamen den Blick nicht weg von diesem Expressionismus in Rot.

Wir waren Meister im Feuermachen, aber wir ahnten nicht, welche noch größeren Meister es gibt. Daniel Hume ist so einer und hat darüber ein Buch geschrieben (*Die Kunst, Feuer zu machen. Aus dem Englischen von Christoph Trunk*).

Wenn man es liest, flammen die Kindheitsbilder wieder auf, und wir haben den alten Rauchgeruch in der Nase, der sich im Winter so wunderbar zwischen den nahen Bäumen verfängt und hält.

So dass wir einen nachdenklichen Blick auf all die Holzstöße werfen, die in unserem Garten momentan noch überwintern.

Der offene Winterwald

Nach eher schwachem Schneefall leuchten die
nahen Wälder und atmen offen. Das Dickicht der
zugewachsenen Partien erscheint wie ein lockerer
Begleitschutz zum breiten Weg, den die dünne
Schneeschicht als weißes Bandrelief zeichnet.

So leicht und gelöst könnte es weiter gehen,
immer geradeaus, dem in der Ferne allmählich
durchbrechenden Blau hinterher.

Mistel

Die Perlenbildung an tropisch erscheinenden,
parasitären Wildpflanzen, die ihren Wirten entrissen
und auf freie Wanderschaft geschickt wurden!

Das durchsichtig gallertartige Weiß, das sich zu
Paaren, Trauben oder Gesellschaften zusammentut!
Es überwuchert mit seinen exzentrischen Andeu-
tungen von Graupel und Schnee das ins Gelbliche
changierende Grün der Äste und Blätter, das früher,
in den vollmundigen Hochzeiten im Verein mit
seinen Wirten, noch etwas geradezu Bissiges und
Bezwingendes hatte.

Gärtner und Gartengeselle

Paul (71) lebt im Garten, egal, ob das Wetter sich dafür eignet oder nicht. Statt spazieren zu gehen, widmet er sich täglich den Bäumen und Pflanzen, und immer hat er die passenden Gartengeräte dabei.

Zwischen den Jahren ist Zeit, sie instand zu setzen oder zu reparieren, auch die großen Regale in der Garage werden jetzt aufgeräumt.

Die Kübelpflanzen hat er rechtzeitig vor Winterbeginn mit Winterschutzmatten aus Jutefilz eingekleidet, sie stehen jetzt – dickbäuchig und umknotet – wie verwöhnte Patienten herum.

Der Weihnachtsbaum, den Paul im Topf gehalten hat, kommt in diesen Tagen bereits ins Freie, wird in den Garten gesetzt und erhält ein Vliesgewebe, das die Spitze vor der Kälte schützt.

An etwas wärmeren Tagen streut Paul feinen Kompost auf die Beete und betrachtet sie lange. Zur Hälfte herrscht noch der Winter, die Gedanken ans Frühjahr sind jedoch schon lebendig.

Wenn Paul träumt, sieht er kleine Narzissen und Krokusse in vertraut erscheinenden Inselgruppen.

Auf der Bank neben der Haustür sitzt er am liebsten, und wenn es nicht gerade regnet, raucht er ein Zigarillo.

Komme ich vorbei, nickt er und ruft mich beim Vornamen. Wer bin ich? Sein Neffe? Der Gartengehilfe?

Oder doch eher die Begleitung, die zu allen Zeiten des kommenden Jahres mit ihm durch den Garten gehen wird, eingedeckt von Pauls Erzählungen und Kommentaren, in denen die Bäume und Pflanzen so leben, als wären sie »das Maß aller Dinge«?

Ich selbst bin kein Gärtner, denn ich bestelle meine Landschaften nicht jedes Jahr neu, sondern »pflege« sie höchstens.

Ich kürze hier und da einen Ast, richte einen Strauch, schaue nach dem Rechten.

Sonst aber lasse ich der Natur ihren Lauf.
Ich beobachte sie und freue mich über ihr bloßes Dasein und Leuchten.

So leben Paul und ich verschiedene Existenzen.
Er ist der Gärtner, dessen Arbeit ich achte und schätze. Ich aber bin der Gartengeselle, der den Garten leise vor sich hinpfeifend durchstreift.

Der Wintergang

Mattweiß und hellgrau senken sich die Himmel
am Morgen. Die Erde ist nicht mehr zu erkennen,
keinerlei Farben, ein grelles Deckweiß liegt
auf den Bäumen, Sträuchern und den weggetauchten
Erdböden, die sich unter den schweren Laken des
Schnees satttrinken.

Du möchtest nicht immerzu schauen und bleiben.
Du verlässt das Gartenhaus über die einzig mögliche
Spur, steigst in den nahen Wald, stolperst durchs
Unterholz. Sonst keine Fährten, nicht einmal ein
einziger Vogel.

Du schleichst allein durch diesen lautlosen Stillstand.
Es ist nicht die Zeit für Begleitung. Schuberts
Winterreise hast Du plötzlich im Kopf und dass Du
ihre Lieder früher auf den Winterhöhen über dem
Rhein gesungen hast, verloren im Schneegelände.

Diese Stille! Das alles kennst Du genau, Du befindest
Dich, mein Lieber, in gefährlichen Zonen – dreh um,
geh heim, lass nicht zu, dass die Nacht Dich ereilt ...

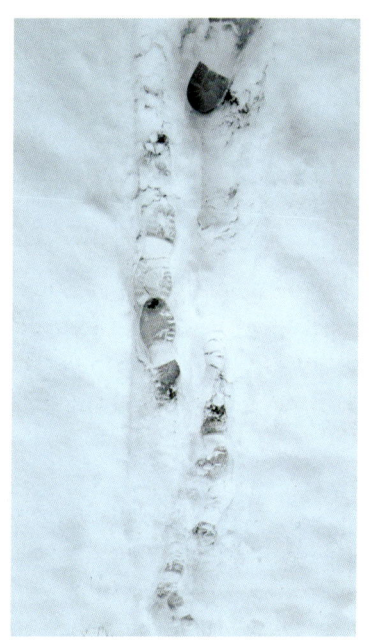

Der Blick in die Wolken

Stillstand – und der Blick in die Wolken …

Wie sie das Bild zum Horizont hin verdichten
und sich dem breiten Pinselstrich unterwerfen.

Wie sie in nächster Nähe in Bewegung geraten
und sich langsam öffnen.

Wie sie erste Durchblicke gewähren –
und die Freude am ungeminderten Hellblau.

Wie sie von Sekunde zu Sekunde mehr schwelgen,
zerfasern und neue Verbindungen in Clustern
eingehen.

Wie sie das vergehende Jahr fortschwebend zitieren
und in all dieser Flüchtigkeit bereits das Neue Jahr
anklingen lassen …

Über den Autor

Hanns-Josef Ortheil wurde 1951 in Köln geboren. Er ist Schriftsteller, Pianist und Professor für Kreatives Schreiben und Kulturjournalismus an der Universität Hildesheim. Mit seinen Romanen und dem umfangreichen essayistischen Werk gehört er seit vielen Jahren zu den beliebtesten und meistgelesenen deutschen Autoren der Gegenwart.

Er wurde vielfach ausgezeichnet, u. a. mit dem Thomas-Mann-Preis, dem Nicolas-Born-Preis, dem Brandenburger und dem Hannelore-Greve-Literaturpreis.

Weitere Informationen finden Sie unter www.hanns-josef-ortheil.de oder auch in seinem Autorenblog www.ortheil-blog.de.

In der DVB sind von ihm erschienen: *Die Pariser Abende des Roland Barthes*, *Im Westerwald* sowie Henry James, *In Venedig. Begleitet von Hanns-Josef Ortheil.* Daneben verfasste er ausführliche Nachworte u. a. zu Émile Zola, *Meine Reise nach Rom* und Alessandra de Respinis, *Cicchettario, Die legendären Rezepte des Al Bottegon in Venedig.*

Japanischer Taschenkalender

Regenpfeifer, Pflaumenblüte, Sommerfeld – nirgendwo ist die Aufmerksamkeit für den jahreszeitlichen Wandel der Natur größer als in Japan. Im Wochenrhythmus präsentieren sich klassische japanische Haiku von Matsuo Bashô und seinen Meisterschülern mit den jeweils passenden Jahreszeitenworten, kommentiert und mit zeitgenössischen Schattenbildern illustriert. Pro Woche bleibt eine Seite zum freien Notieren. Das Kalendarium mit dem Terminplaner verzeichnet die genauen Auf- und Untergangszeiten von Sonne und Mond für Deutschland sowie die 24 Witterungsabschnitte (*sekki*) des japanischen Sonnenjahres.

Fadengehefteter Leinenband mit Lesebändchen,
53 Abbildungen, 240 Seiten, ISBN 978 3 87162 113 0

SAIGYÔ: *Gedichte aus der Bergklause Sankashû*

Der Wanderpoet und buddhistische Mönch Saigyô galt schon kurz nach seinem Tod als die repräsentative Stimme der japanischen Dichtung seiner Zeit. Für Matsuo Bashô (1644–94) war er noch fünfhundert Jahre später das Maß aller Dinge. *Sankashû (Gedichte aus der Bergklause)* ist der Titel einer Sammlung von über 1550 *waka* Saigyôs, die er etwa zehn Jahre vor seinem Tod zusammengestellt hat. Die Verse setzen Gesehenes und Erlebtes in poetische Bilder von schlichter Schönheit um und verbinden sie auf eindringliche Weise mit existenziellen Einsichten. Die Gedichte Saigyôs werden erstmals in einer größeren Einzelanthologie für deutschsprachige Leserinnen und Leser erschlossen.

Fadengehefteter Leinenband, 296 Seiten,
ISBN 978 3 87162 098 0

BASHÔ: *Auf schmalen Pfaden durchs Hinterland*

Bashôs Reisetagebuch *Oku no hosomichi* gehört zu den Meisterwer-
ken der Weltliteratur. Über eine bloße Beschreibung einer monate-
langen Wanderung im Jahr 1689 hinausgehend, erweist es sich als
ein Dokument idealer Selbstvervollkommnung. Asketisch und in
größter Aufmerksamkeit für alle Lebensvorgänge schildert Bashô
die Traumhaftigkeit und Vergänglichkeit des menschlichen Daseins.
G. S. Dombradys ausführlich kommentierte Ausgabe dieses Haupt-
werkes der klassischen japanischen Literatur hat als einer der drei
Eröffnungsbände der Handbibliothek Dieterich Maßstäbe gesetzt.
Fadengehefteter Leinenband, 352 Seiten,
ISBN 978 3 87162 075 1

IMPRESSUM

ISBN 978 3 87162 112 3
© 2022 Dieterich'sche Verlagsbuchhandlung, Mainz.
Alle Abbildungen vom Autor.
Vignette auf der Umschlagrück-
seite: istockphoto.com / Doleo8

Zweite, erweiterte Auflage.

Gesetzt aus der DTL Prokyon.
Reihenkonzept: de Jong Typografie, Essen.
Druck: Beltz Grafische Betriebe,
Bad Langensalza.

Bibliographische Information der Deutschen
Nationalbibliothek: Die Deutsche Nationalbibliothek verzeichnet diese Publikation in der
Deutschen Nationalbibliographie; detaillierte
bibliographische Daten sind im Internet unter
http://dnb.de abrufbar.

www.dvb-mainz.de